鉄板焼き

進化する技とテーマ

TEPPANYAKI NOW!

柴田書店編

はじめに

ハイクオリティの食材、
それを生かすシンプルで細心の調理、
料理エンターテインメントを目の当たりにするライブ感……

三つが揃った鉄板焼きは、日本が誇る料理文化です。
その要素のどれもが、現代の美食のテーマに一致し、
国内外での注目度はますます高まっています。

この本ではプロフェッショナルな基本技術から、
食の多様化に合わせた進化、さまざまなテーマ展開まで、
レストラン業界における鉄板焼きの
最前線をレポートしています。

どうぞ鉄板焼きの「今」を知ってください。
鉄板焼きという料理、ビジネス、ホスピタリティには
無限の可能性が秘められています。

Contents

本書を使う前に
●調理解説における鉄板の温度、加熱時間、材料の分量は、おおよその目安として参考にしてください。使用機器などの条件によって変わります。
●レシピ材料表に、鉄板の引き油の名称をとくに表記していない場合は、通常の植物油を使っています。また、基本の「塩、コショウ」を表記していない場合があります。
●レシピ中、各パーツの仕上がり量は単位を統一せず、ケースバイケースで「1皿分」「つくりやすい量」等となっています。適宜参考にしてください。
●掲載店舗の営業時間、メニュー内容、価格例の情報は、取材時点での（時短営業等を想定しない）平常時のものです。いずれも随時変更になる可能性があります。価格は税込み表示です。

Part 1
鉄板焼きとは何か

鉄板焼きとは何か──それを知るにはまず、必要な機器と道具、技術を知ること。こまやかなテクニックは、日本が誇る和牛等の食材をいかにおいしく焼くか、いかに食べる人を楽しませるかを求め、日本人の感性が育んできたものだ。鉄板加熱だからこそ表現できることは何か、という視点も見逃せない。

鉄板という調理機器
加熱システムの基礎知識

|01| 鉄板の素材

鉄板とは何か

　鉄板とはすなわち鉄の板。ただし生活に使われる鉄の大半は純粋な鉄（Fe）ではなく、炭素との合金である鋼鉄、スチール（Fe-C）だ。酸化しやすく柔軟性に乏しい鉄に、炭素量を増やしてその脆さを補ったもの。もちろん鉄板焼きの鉄板も、鋼鉄*である。

　鉄板焼きの鉄板素材の主流は、建築や土木に使われるのと同じごく一般的なSS（Steel Structure）材で、「SS400」**という規格のもの。

　炭素鋼鋼材SC（Steel Carbon）材を使用するケースもある。「S45C」（炭素含有量0.42〜0.48％）、「S50C」（同0.47〜0.53％）などがある。価格は高いが、低炭素のSS材に比べて硬度が高く、鉄板上でナイフを使っても傷がつきにくい。グリルパッドで掃除しても摩耗しにくく、それだけ寿命が長い。

表面の加工

　鉄板焼きの鉄板は、美しくツヤツヤとしている。素材にムラなく熱を伝えるためはもちろん、その上でナイフの刃先を滑らせるためにも反りやへこみ、ざらつきがあっては困るのだ。鉄板は、生鉄板を手動または機械で研磨し、平面均一性を高めてはじめて製品となる。使用すれば表面に微細な汚れや傷がつく。毎日表面を磨いて、元の状態にもどす必要がある。

　なお、もんじゃ焼き店の客席鉄板などで使われている「黒皮」は、鋼材の製造において、水分を飛ばす目的で焼き入れをした後、研磨はしていないグレー色の状態の鉄板に油をぬって低めの温度からゆっくり焼くことで黒く変色させたもの。膜があるので、手入れとして研磨することはできない。粉ものがこびりつきにくい、布巾で手早く掃除しやすいなどの理由で使われている。

＊鋼鉄の炭素含有量は0.02〜2％程度。その性質を決める要素は多々あるが、大まかに言えば、炭素量が増えるほどにかたく、強くなり、それに反比例して靭性（引っ張り強さ＝しなやかさ）が失われる。

＊＊数字は「引っ張りの強さ　N/㎟（MPa）」を表す。SS400の場合はおよそ400〜510N/㎟。内容成分の規格はないが、炭素含有量はおよそ0.15〜0.2％前後。

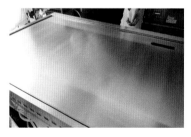

オーダーの場合、サイズは一般的に幅約450㎜〜3000㎜。カス穴の有無、料理人側のヘリ（通称：腹当て）の仕様もさまざま。

| 02 | 加熱システム

鉄板焼きの熱源は、まずガスと電気に大別される。電気には電気ヒーター、低周波IH、高周波IH、カーボンランプなどがある。それぞれの加熱の構造や特徴を見てみよう。

＊バーナーの先に排気口を設置し、ダクトとファンを通して不要な熱気を強制排除するシステム。調理人の身体的負担や空調負荷の軽減につながる。

【ガス式】

古くから使われてきたもので、原理としては「ガスコンロに鉄板をかぶせた」構造。製品としては、丸い局所集中タイプの丸型バーナー、広範囲に伸びるH型バーナーなどがある。鉄板の厚さは16〜25mm。

イニシャルコストが電気に比べ低い。その一方、輻射熱に加えて排熱の影響により周辺温度（とくに調理人側）が高くなりやすく、空調負荷になる。オイルミストも飛びやすい。基本は自然排気式で、より快適な環境を整備する場合は強制排気システム＊がある。

1枚の鉄板内の位置（熱源からの遠近）によって、温度差がかなりある。逆に言えば位置によって高温、中温、低温を同時に使い分けできる。また、手動で温度を瞬時に強めることができることもメリット。ただし、料理人の技術や勘がより問われる。

焼き入れをしていない生鉄板を使用したシンプルなガス鉄板の場合は、購入後、使用前に「焼き入れ」をする必要がある。長時間、低い温度でじっくりと加熱して酸化熱をつくるプロセスだ。これをしないと反りやゆがみが生じる。

【電気式】

ガス式に比べるとイニシャルコストはかかるが、熱効率が高く、燃焼ガスを生じないため、クリーンな空気環境を保ちやすいのがメリット。そのため換気や空調設備に対するランニングコストを抑えることができる。温度設定が容易で、操作をマニュアル化しやすい。

本格的な電気ヒーター式グリドルが出回るようになったのは1990年頃。比較的手頃な価格から揃い、組み合わせの

ガス式

［横から見た図］

丸型バーナー

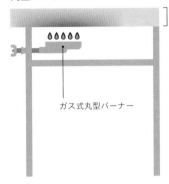

ガス式丸型バーナー

H型バーナー

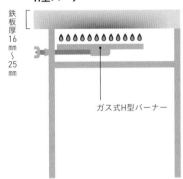

鉄板厚16mm〜25mm

ガス式H型バーナー

［上から見た図］

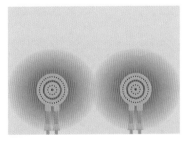

丸型バーナー

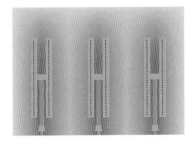

H型バーナー

自由度が高いため、広く使われるようになった。一方、す
ぐ後を追ってIH（Induction Heating）タイプも登場。新規
開業ホテルにおける電化厨房での導入が目立った。最初は
高周波タイプから広まったが、故障が多いな
どの不具合が見られ衰退傾向になり、同じIH
でも原理の異なる低周波が今の主流となって
いる。2003年からは、カーボンランプをヒー
ターとして使用した製品が登場している。

電気ヒーター式グリドル

鉄板の裏面にヒーターを設置し、下部を断
熱カバーで覆う構造。

熱伝導で鉄板に熱を伝えるため、鉄板の厚
さは20mmまで（それ以上厚いと熱しにくく、
冷めにくくなるため、調整がしづらい）。

設定温度に到達してヒーター部がオフとなっても、断熱
カバー内にたまった熱が発散し尽くすまで鉄板への熱伝導
は続くため、設定温度よりも過昇の症状が出る。それを制
御するための装置としてアナログ式、デジタル式、マイコ
ンPID制御式などがあり、コスト差がある。

低周波IHグリドルと価格を比較すると、アナログ式は
−45〜−50％、デジタル式は−35〜−40％、マイコンPID制
御式は−25〜−30％。

多種の形状があり、ニーズに合わせて加熱寸法や発熱容
量（kw）を組み合わせることが可能*。寿命も比較的長い。

低周波IHグリドル

電磁誘導コイルに商用電源（50Hz/60Hz）を通電させる
と、鉄芯より発生する磁束が鉄板を通過してうず電流が発
生し、それに抵抗して鉄板自体が発熱する（ジュール熱の
発生）——この加熱の原理を利用したのが低周波IHグリド
ルだ。他のグリドルが間接加熱（熱源で鉄板を加熱し、鉄
板から食材に伝導）であるのに対し、この場合は、直接加
熱（鉄板自体が熱源）となる。

磁束が鉄板の表面近くまで流れるため、裏表の温度差が
ほとんどないのが最大の特徴だ。設定温度に対する過昇温
度（オーバーシュート）は1〜2℃、と正確。鉄板に30mm
の厚さがあるので、蓄熱量が多く、温度の下降が非常に少
ない。3列のコイル（三相200V）で、1ユニットにつき加
熱面積は幅500mm弱、奥行き400mm弱と広く加熱できる。

＊一例として、横長の鉄板の場合、鉄板の
中央に5kwの電気ヒーター（またはIHの低
周波）にして、左右に1.5kwの予備ヒーター
を入れると、立ち上がりがスピードアップ
し、冬場はとくに重宝する。

電気ヒーター式グリドル

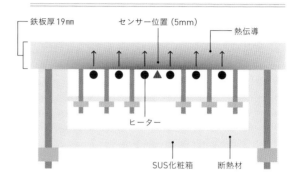

鉄板厚19mm　センサー位置（5mm）　熱伝導

ヒーター

SUS化粧箱　断熱材

低周波IHグリドル

[横から見た図]

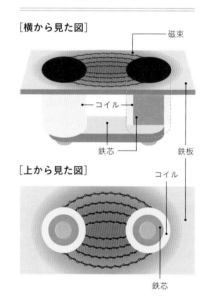

磁束

コイル

鉄芯　　鉄板

[上から見た図]

コイル

鉄芯

交番磁束（交互に反復する）→うず電流が発
生→その抵抗で鉄板自体が発熱

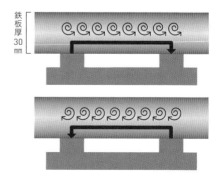

鉄板厚30mm

現在低周波IHグリドルを発売しているのは開発元であるハイデック社のみ。同社の製品は、鉄板裏に無垢鉄角棒を溶接し、筐体と鉄板はボルトとナットで固定されているため、鉄板の反りや揺れがないのも特徴だ。

価格は電気式の中でもっとも高いが、省エネでランニングコストは低く、また故障や経年劣化が少なく寿命が長い。

高周波IHグリドル

高周波とは、周波数をインバーター（周波数変換器）によって約20〜30KHzの高周に変換したもの。鉄板裏面にうず巻き状の電磁誘導コイルを非接触で設置し、そこに高周波電流を流し、磁束の作用によって鉄板裏面にうず電流を発生させ、ジュール熱を発生させる。ただし、磁束は鉄板裏面の表皮だけに流れるので、加熱は局部的だ。

なお、標準的な鍋加熱用うず巻きコイルの場合は、ドーナツ状に熱を誘導するので、中心は加熱されない。鍋の加熱（水分対流が起こる）あるいは保温用鉄板として生かせるが、直接食材を焼くには加熱範囲が狭く、必ずしも鉄板焼き向きとは言えない。また下部に熱がたまりやすく、そのため過昇温度が大きい。熱に弱い構造のため冷却ファンを回す必要があり、オイルミストを吸い込むと故障が起きやすい。

カーボンランプヒーター式グリドル

炭素繊維による発熱体を利用して鉄板をあぶる間接加熱式のヒーター。

1ユニットに対し直管球を3本設置。熱容量は自在に対応が可能で、ニーズに合わせてヒーターの位置を設置できる。鉄板の厚さは19〜25mm。立ち上がりが早く、従来の電気ヒーターより約20％の電力削減につながる。ランプは5〜10年で寿命となるため交換が必要。低周波IHグリドルに比べ価格は約−30％。

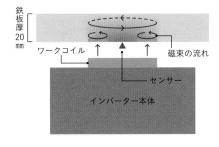

高周波IHグリドル

［横から見た図］

鉄板厚20mm　ワークコイル　磁束の流れ　センサー　インバーター本体

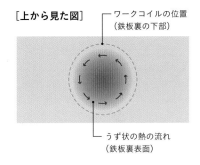

［上から見た図］

ワークコイルの位置（鉄板裏の下部）　うず状の熱の流れ（鉄板裏表面）

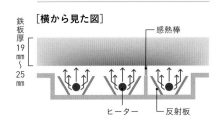

カーボンランプヒーター式グリドル

［横から見た図］

鉄板厚19mm〜25mm　感熱棒　ヒーター　反射板

［上から見た図］

取材協力／ハイデック株式会社
電磁誘導加熱の技術を利用して1980年に低周波IHフライヤーを開発。'87年より低周波IHグリドルを製造販売。

日々のメンテナンスが美味を生む
—— 鉄板手入れの方法とコツ

鉄板は加熱機器であるとともに、食材が直接ふれる調理用具でもある。「ついた汚れはその場で落とす」「一日の終わりにしっかり掃除する」が必須。日々鉄板を清潔にリフレッシュさせ、かつ良好なコンディションで長く使い続けるには、手入れ方法にコツがある。

解説／中山慎悟（ハイデック株式会社 本社営業部部長）

■ メンテナンスのための道具

グリドルパッド高温用
焦げ落とし用。220℃まで耐熱。右はパッドをおさえるホルダー（パッド3点はスリーエム ジャパン株式会社）。

グリドルパッド低温用
磨き、つや出し用。高温用よりも目は細かい。100℃以下で使用。写真下は焦げ落としのスクリーン。

ハンドパッド業務用 No.7447
グリドルに限らない汎用タイプ。低温用よりも目はやや細かい。100℃以下で使用。

スクレーパー
こびりつきをはがし、鉄板の隅にたまった汚れをかき出す。鉄板専用品もあるが、おすすめは一般工具の「オルファ」。

■ 営業中の掃除

　ぬらしたダスターを横長に折り、両手に持った2枚のヘラでおさえ、調理で使用した部分を縦や楕円にこする。または、氷を包んだダスターで拭くか、油汚れに少量の水をかけて折りたたんだキッチンペーパーをのせヘラを当ててこすり取る。こびりつきがひどい場合は最初にヘラで直接鉄板をこする（客席へのガードとして、湿らせたダスターでヘラをカバーしながら）。

■ 使用後の手入れ——完全に汚れを落とす

　熱源を切って手入れを行う。熱いうちに行うならば高温用、100℃以下で行う場合は低温用のグリドルパッドまたはハンドパッドを使う。

左／汚れがこびりついている部分は新しい高温用パッドでこすり取る。
右／いったんペーパーで金気を拭き取り、油をたらして全体の磨きを行う。

1 こびりついた焦げがある場合には、まず新しい（＝目がつぶれていない）高温用パッドまたは低温用スクリーンでこすり取っておく。

2 少量の油を鉄板にたらし、何回か使用した高温用パッド（＝ほどよく目がつぶれ、もっとも使いやすい状態）また

は低温用パッド、ハンドパッドで鉄板の端から端まで、横または縦に均等にこする。

3 パッドでおさえたキッチンペーパーで金気を拭き取る。

4 鉄板の四隅や枠にたまったカスは意外と見落としがち。調理用のヘラでは細い溝に入り込んだ汚れをかき出すことはできない。スクレーパーを使って確実に取り除くことを日々の手入れに組み込む。

左／全体をこするには、4〜5回使用済みの高温用パッドが向いている。常に同じ力配分のストロークで一列ずつこする。
右／きれいに磨き上げた状態。

■ 営業前の準備——美しく磨き上げる

翌日になると鉄板の水分が飛び、前日の掃除で使用した油分の膜がついた状態になっている。このまま使うと、食材がくっついて焦げるので、きれいに拭き取る必要がある。

1 作業しやすいよう、鉄板の温度を50〜70℃に温める。

2 少量の油をたらし、グリドルパッド低温用でこする。

3 厚手のキッチンペーパーまたはきれいなダスターで拭いてみて、サラサラスルスルの状態になっていればスタンバイOK。もう少しきめ細かく仕上げ磨きをしたい場合には、ハンドパッドで磨くと効果がある。

100℃以下で行う場合は低温用パッドを使用。鉄板の隅から隅までムラなく。

》粉ものや油ものを扱う業態の場合

使用後は、鉄板の温度が約100℃（使用するクリーナーにより異なる）まで下がったら、アルカリ性の専用クリーナーをグリドルパッド低温用でぬり広げ、こする。水を適量かけて乳化させ、拭き取ってから、水拭き、空拭きを順に行う。営業前は、鉄板の熱源を入れて50〜70℃に温まってきたら、薄く油をぬる。

ハンドパッドは低温用パッドよりもさらに目が細かく、よりなめらかな仕上がりに。

鉄板焼きの7つ道具

1.　　　　　　　　　　　2.　　　　　　　　　　　2.

1. ナイフ&フォーク

　ステーキを提供する場合には、必須のもの。

　ナイフは鉄板の上で切るための、細身で刃を
あまり鋭くつけていないカービング用なので、
まな板での使用には向かない。鉄板上では、押
し切りはせず引き切りする。切れ味を求めて、
一般の筋引きタイプなどを鉄板用にする方法も
あるが、その場合、最初に鉄板に当たる刃先
は鉄板を傷つけないようあまり刃をつけず、中
心の肉を切る部分はよく切れるようにする、と
いった研ぎ方に工夫が必要だ。

　二股のフォークはミートフォーク、カービン
グフォークとも言う。先端はある程度鋭いが「刺

す」ためというよりは、肉や魚介をおさえたり、
裏返したり、野菜の火の入り具合の感触を確か
めるのにも使う。

　二股の刃がまっすぐのものよりもカーブして
いるもののほうが、扱いやすい。

2. ヘラ

　フラットな三角形のものはスケッパー、バチ
とも呼ぶ。段差があるタイプは、とくにお好み
焼きの業態では、地域によってヘラ、コテ、テ
コ、一文字、かちゃくりなどと、いろいろな呼
び方がある。

　鉄板に油をのばす、汚れた油やカスを集めて
捨てる、食材に油をかける、ひっくり返す、感

鉄板焼きで、食べる人の視線が一番集中するのは料理人の「手元」。焼くはもちろん、切る、蒸す、盛る……あらゆる動作を食材に指で触れることなく行う。あざやかな手さばきの相棒となる道具がこれら。できるだけ持ち替えをせず、少ない道具でさまざまな作業、調理をこなすのが、鉄板焼きの極意だ。そのために手に合うものを選ぶ。

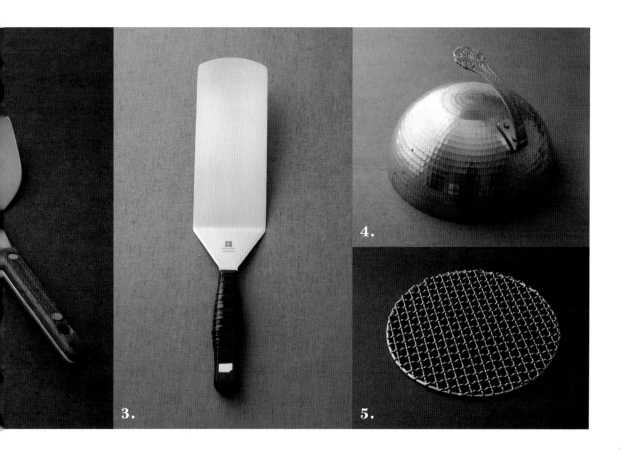

触を確かめる、切る、皿に盛るなど、なんでもこなす万能選手。ヘラ先を自分好みに削って調整する人もいる。ものによって鉄板に当たる音が違うため、ことにムードを求める高級店では、音がうるさくないものを選ぶ。

3. ターナー

ヘラよりも長く、大きめの肉や魚を移動させたり、食材を鉄板に押しつけたり、肉の下に一瞬通して油を送り込んだりするのに向く。見た目がスマートという点で好む人も。ターナーとフォーク、ヘラとフォーク、ヘラ2本など組み合わせ方は人それぞれ。

4. クロッシュ

ステーキカバー。蒸し焼きまたは瞬間燻製の際にカバーとして使う。保温効果はほとんどない。ステンレス製や角型もあるが、高級店では温かみと華やかさを演出できる銅製のドーム型が人気。ただし緑青（サビ）が出やすいので日々の磨きが必要だ。持ち手は熱くはならないが、多少の熱は手に伝わってくるため、その温度により、食材の火の入り加減を感じ取る。

5. 網

肉を焼いて休ませる、またはスモークする際に食材を置くのに使用。

鉄板焼きの基本のテクニック

鉄板焼きとは、たんに「素材を鉄板で焼くこと」ではない。加熱に対するセンスや技術が問われるのはもちろんのこと、鉄板上で切る、むく、盛るなどすべての調理動作をよどみなく、見栄えよく進行させることであり、食材に対する見識と所作の洗練が求められる。実際の鉄板上での食材の扱い方、焼き方、仕上げ方とはどんなものか。代表的な素材を例に、日本の鉄板焼き職人が積み重ねてきた「基本のテクニック」を紹介する。

調理・解説／小早川 康
協力／ハイデック株式会社

|01| 黒毛和牛

黒毛和牛（＝黒毛和種）とは

もともとは中国、近畿地方に在来していた見島牛などの役牛に外国種を交配して改良した品種。肉にサシが入りやすいことが特徴で、日本の「霜降り」文化を支えてきた。飼料の与え方で、肉質、サシの入り具合をコントロールする。日本の牛肉は、歩留まり（A〜C）、芯の肉質（1〜5）、さらにその先の脂肪交雑具合（1〜12）で等級付けされているが（A5-12というように）、これはあくまでも見た目の状態の評価であり、食味としての評価ではない。

近年は赤身肉への評価が高まり、かつての「霜降り信仰」は変化。サシが入ればよいということではなく、肉質そのもののよさ、食味の高さが追求されている。30カ月齢以上（一般的には28カ月齢）、ときには45カ月齢まで計画的に肥育し、「生きているうちから肉を熟成させる」生産者もいる。何をもっておいしいとするかの選択肢は増えており、「味と品質は等級ではなく、牛の血統および生産者に依る」、というのが流通業者、シェフたちの一致した意見だ。

脂肪の融点の低さを意識する

黒毛和牛には赤身、脂肪ともに特徴的なやわらかさ、コクがある。とくに長期間肥育の牛肉は脂肪の融点が低く、この脂肪が、食べたときの独特のなめらかな舌触りになる。肉を常温に置くと次第に表面に照りとツヤが出てくるほど。一般に、その状態にしてから（肉の表面温度を常温にもどしてから）焼くのがよい、とされる。冷蔵庫から出してすぐに高温の鉄板にのせると縮みがおこる（＝ふっくらと焼き上がらない）からだ。

塩の使い方、油の使い方について

肉の両面に塩、コショウをふってすぐに焼きはじめるスタイルが一般的。が、調味は焼き上がりにする、あるいはまた塩は最初にするがコショウは最後にふる、という考え方もある。塩が肉に触れれば脱水がおこる。コショウは焼けて焦げる。その現象と効果をどう利用するかは、焼き手の考え方による。

鉄板に引く油脂には、牛脂、ガーリックオイル、植物油（個性の中立的な白絞油など）などがある。

植物油を使って肉の香りを素直に生かすか、牛脂を使って脂肪の旨みでボリュームアップさせるか、あるいはニンニクの香ばしさとの相乗効果を狙うのか、肉の部位、品質や状態、そして食べる人の好みによって選択する。

■ サーロイン

赤身と脂肪のバランスがとれた、ステーキ肉の王道。肉の旨み、ジューシー感、噛みごたえのベストバランスを狙って焼く。昔はサーロインは大きな版にしたものだが、現在は厚みを持たせてカットするのが主流。

 》動画でチェック

1

肉の片面に塩、コショウをふる。

2

端肉を小片に切り分け、鉄板（200℃）にのせて焼く。

3

ヘラで鉄板に押しつけて、脂を出す。

> 》POINT
> 写真のポーションは150g。掃除したスジの部分の端肉を使って脂を取る。

4

肉をフォークで起こし、ヘラの上に倒して（裏返す）持ち上げ、

5

鉄板の脂の上に置く（調味した面を下に）。

6

まだ調味していない上面に、塩、コショウをふる。

> 》POINT
> すべての素材に共通するが、素手で触れない。つかむ、移すといった行為も、ヘラとフォークを使う。

7

肉を少しずらし、周囲の塩、コショウをヘラで集めて捨てる。

8

置いた面がきれいに焼き固まり、色づいたらひっくり返す。

9

反対面も同様に、まずきれいに表面を色づける。

> 》POINT
> 最初に肉を置いたら軽く肉を動かして、置いた面を脂となじませ、面全体が鉄板に接するよう上から軽くおさえる。まずは両表面を順にきれいに色づける。

10

肉から出た脂は、適宜（肉を少しずらし）ヘラで集めて捨てる。

11

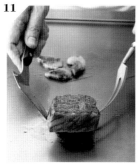

焼き固まったら、熱源の中心から少しはずれたエリアに移す。

12

上下を2〜3回返しながら、均等にじっくりと火を入れる。

≫POINT

両面色づいたら、芯部への加熱を意識して徐々に火力の弱い場所に移し、上下から熱を回していく。焼き上がりは側面の見た目、そしてヘラで肉を軽く押してみて、押し返す弾力で判断する。

13

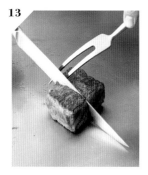

半分にカットする。

14

すぐに切断面を下にして5秒間焼く。反対側も同様に。

15

鉄板の端に置き、（切断面を上に）、休ませる。

≫POINT

肉をカットしたら、切断面から肉汁が出ないよう、さっと焼き固め、鉄板の端（低温エリア）に移して軽く休ませる。その間も鉄板の中心側と縁側の温度差を考慮して肉の左右の向きを時折変える。

16

最後に各面を高温エリアでさっと温め、ひと口大に切る。

17

皿に盛る（ヘラに肉をのせてフォークをあて、ヘラを引く）。

■ フィレ（ヘレ）

きめの細かい肉質が特徴。動かさない部位なので、サーロインのように噛みごたえを楽しむものではない。しなやかさで繊細な肉質を損なわないよう、よりソフトに加熱する。強い火力で繊維を縮ませないよう、表面を焼き固めたら、上下をなんども返して、じっくりと焼いていく。

1

肉の片面に塩、コショウをふる。

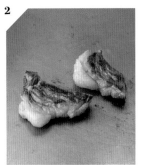

2

端肉を鉄板（200℃）にのせて焼く。ヘラで押して脂を出す。

3

肉を（調味した面を下に）置き、塩、コショウをふる。

>> POINT
焼き方の基本手順はサーロインと変わらないが、よりデリケートに焼く。表面はガッチリと焼かずに、軽く焼き固め、何度も上下を返しながら少しずつ熱を伝えていく。

4

肉を少しずらし、周囲の塩、コショウをヘラで集めて捨てる。

5

こまめに上下を返して焼き、鉄板の端に少し置き落ち着かせる。

6

半分にカット。

>> POINT
【6】の肉の左側カットはやわらかくマイルドな味、右はあばら側で味が濃い。それぞれバランスよく皿に盛る。

7

断面をさっと焼く。この後休ませる必要はない。

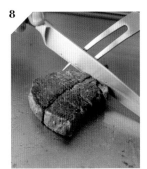

8

ひと口大に切る。

|02| クルマエビ

生きたまま焼く

鉄板焼きにして、見栄えと食べごたえがあるのは1尾50
g以上のサイズ。このサイズの大きなクルマエビはメスが
多く、腹側に交尾栓がついていることが多い。かたく口に
当たりやすいので、下準備の際に指ではずす。

生きている状態で調理するので跳ねる可能性がある。プ
レゼンテーションの際は、クロッシュをかぶせて暗くして
おくとしばらくおとなしくなるので、タイミングを見計
らって開いて見せる。調理中も、跳ねて客席に油はねなど
しないよう、最初は油を使わない。

タイミングと手技の確実性

エビを焼くポイントは、身には火を入れすぎないよう
ふっくらと、頭と脚はこんがり香ばしく焼き上げること。
タイミングの的確さと同時に、(手で触れずに)ナイフとフ
ォークを使って殻をむき、掃除する所作の正確さも求めら
れる。手技としての難易度が高いので、練習を必要とする。

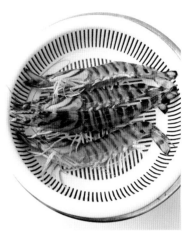

>> 動画でチェック

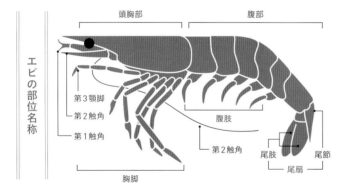

エビの部位名称

頭胸部 / 腹部

第3顎脚
第2触角
第1触角
腹肢
第2触角
尾肢
尾節
尾扇
胸脚

1

エビの長いヒゲ(第2触角)を
適度な長さに切る。

2

殻の内側に刃先を(頭→尾に)滑
らせ、殻と身のつなぎ目を切る。

3

尾とのつなぎ目に刃先を立てて
切り込みを入れる。

>> POINT
長い第2触角は、プレ
ゼンテーションの前に
切る。皿からはみ出し
て周囲のものにつくと
不衛生なため。

4

反対側も同様に、殻と身のつなぎ目を切る。

5

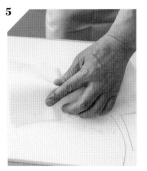

キッチンペーパーでおさえて水気を取る。ここまでが下準備。

6

エビを鉄板に置く。動かないようフォークでおさえる。

» POINT

活エビを鉄板に移す際は、まずフォークで挟んでおさえ、ヘラですくいあげる。エビが動いて客席に油はねしないよう、油は引かない。置いたらすぐにフォークで胴体をおさえる。

7

第1触角をヘラで押しつけて色づける。

8

尾を広げてヘラで鉄板に押しつけ、きれいに色づける。

9

腹全体に軽くプレスをかけて、真っすぐにする。

» POINT

触角も尾も、1本1本、1枚1枚を焼きつける意識で、鉄板に押しつける。

» POINT

身が反らないよう腹は鉄板にぴったりと押しつける。

10

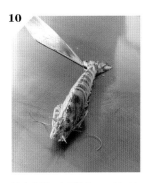

油を鉄板に少量流し、ヘラですくってエビにかける。

11

エビの脇に水を少量注ぎ、クロッシュをかぶせる。

12

水が蒸発する音がおさまるのを待ち、開ける。

» POINT

焼きながら油を少量かけることで、殻の香ばしさを強調する。

13

クロッシュを開けた状態。

14

鉄板の低温エリアに、頭を調理者の手前に向けて置く。

15

横に倒し、フォークを前脚の内側に刺しておさえつけ、

» POINT

真っすぐになるまで腹を焼く→蒸し焼き（約1分～1分半）して、【13】段階では、エビの中心部はまだレア。これからの作業中の余熱でちょうどよく火が入る。

16

頭の外殻の内側に刃先を入れ、殻をはずす。

17

頭側から殻と腹の身の間にナイフをさし入れ、

18

尾近くまで到達したら腹を上にして、殻を引っ張ってはずす。

≫POINT

最初に頭側のかたい殻（頭胸甲）をはずす。内部で一部がつながっているので、フォークでおさえながら、ナイフで引きはがす。はずした殻は捨てる。

19

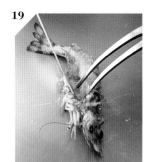

向きを変え、脚を外側にはがし、

20

頭を腹から切り離し、

21

そのまま脚と腹肢全体をはがし、尾扇も切り離す。

≫POINT

はずした頭～尾扇はさらに調理するので、いったん取り置く。

22

はずしたもの。鉄板の端に取り置く。

23

身を裏返して鉄板に触れる側面を変え、ミソをはずす。

24

背に切り込みを入れ、

≫POINT

エビをずっと同じ向きに置いて切り整え作業をすると、片面のみが焼けてかたくなる。火入れのバランスも考え、一度向きを変える。

25

ワタがあれば取り除く。卵巣があれば、ミソとともに取り置く。

26

身を食べやすい大きさにカットする。

27

白ワイン少量をふって香りを引き立て、皿に盛る。

≫POINT

ミソはいったん鉄板の端に取り置く。

28

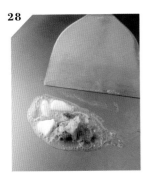

鉄板の中温エリアにバターを溶かし、ミソと卵巣を合わせる。

29

香ばしさが立ってきたら塩、コショウ、レモン汁を加え、

30

エビにかけ、提供する。

»POINT
ソースをかけたら提供する。この後、エビを召し上がっている間に、脚と殻をそれぞれ香ばしく焼く。

31

はずした部分を頭、脚、腹肢、尾に切り分け、

32

鉄板の中温エリアに油を引いてそれぞれ香ばしく焼く。

33

頭にあるかたいツノ、目玉は取り除く。

»POINT
パーツごとに、食べにくいかたいところを取り除き、適宜ヘラでおさえてしっかりと火入れする。頭の内側にあるクチバシは大きさを見て、大きければ除く。残す場合はその面を下にしてよく焼く。

34

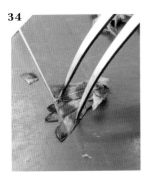

尾の先はかたいので切り除く。

»POINT
クルマエビの鉄板焼きは1尾ごとに手がかかる。1〜2尾なら高温エリアで焼くが、それ以上まとめて焼く場合は、作業中に火が入りすぎないよう中温エリアで焼く。

35

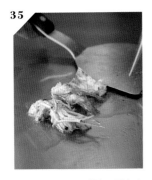

腹肢と尾はヘラで押して平たくしながら、カリッと焼き上げる。

|03| アワビ

「最初のやわらかさ」を狙う

　写真は国産のクロアワビ。殻をはずすだけで身がかたくなるので殻付きのまま丁寧に火入れをする。

　アワビは加熱によって、「身がやわらかくなる→かたくなる」をくり返す性質がある。鉄板焼きの場合、最初にやわらかくなるタイミングで提供する。少しレア感を残した仕上がりがベスト。生きたアワビをその場で調理し、おいしさのピークをすぐに提供できるのが、鉄板焼きの魅力であり、強みだ。

　アワビは個体差がとても大きく、火の入り方、縮み方、やわらかくなっていく進度がひとつひとつ違う。素材を見て判断し、焼きながら対応していくには、経験が必要だ。

　なお、価格の手頃なエゾアワビは輸入ものも多い。小ぶりでやわらかいので、むき身をカットしてバターでからめるような、さほど技術を問わない、気軽な調理に向く。

1
鉄板の高温エリアに油を引き、アワビを置く。

2
身の上にバターを置き、鉄板に少量の水を注いで、

3
クロッシュをかぶせて蒸し焼きする（約2分半）。

» POINT
鉄板に油を引くのは、アワビの殻を直接置くと、鉄板に塩がこびりつくため。蒸し焼きの見極めは、クロッシュを開けてみて身のふっくら感で判断する。あるいはフォークを刺した感触で。

4
クチ側にフォークを刺し、殻と身の間にナイフをさし込み、

5
ナイフで貝柱を切り、身を引きはがす。

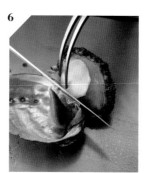

6
キモを切り離す。

» POINT
身の取り出し方（右利き）：クチ側にフォークを刺して殻を固定。身と殻の間にナイフを入れ、刃先を右にひねることで身を起こし、フォークで引きはがす。キモの反対側にナイフを入れること。

7

中温エリアで身の両面をさっと焼き、縦半分にカットする。

8

断面をさっと焼く。クチの上にナイフの刃を置き、

9

引っ張り出すようにして口を切り取る。

»POINT

身を取り出したら、殻は、中にある汁をこぼさないようにして鉄板の端に置く。

10

断面を客席に向けて置き、ひと口大にカットする。

11

鉄板についた焼き汁に白ワインをかける。

12

フォークとヘラですくい取り、皿に盛る。

»POINT

白ワインを加えるのは、味をつけるためというより、香りの湯気を立たせて食欲を誘うパフォーマンス的意味合いが強い。

13

殻からキモを取り出す。

14

キモを切り分け、醤油とレモン汁を少量ずつかけて皿に盛る。

15

殻に少量の水を加えて軽くすすぎ、汁を鉄板の中温エリアに流す。

»POINT

殻に残る汁やエキスを水に溶かし、味をととのえてソースにする。キモをソースに溶かす方法もあるが、新鮮であれば、そのまま提供する。

16

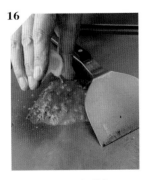

白ワイン、レモン汁、醤油、バターなどを加え、アワビにかける。

|04| フォワグラ

脂肪の味わいを生かす

　フォワグラの重量の半分以上は脂質。その脂肪自体の香りと旨み、なめらかさを伝えるために、フランス料理の「フォワグラのソテー」と同様、厚さ1cmほどにスライスして（1枚50〜60g）、表面をこんがりと、芯部をふんわりと焼き上げる。片面を色づけて裏返し、反対面がきれいに色づいた時点で、芯にほどよく火が入っているのが理想。冷蔵庫から出してすぐに焼きはじめると芯温が上がるのに時間がかかるので、室温やカットの厚みにもよるが、焼く前に（ラップフィルムをかけて）少し常温に置く。

　フォワグラの品質は千差万別で、焼いている間にどんどん脂が出て小さくなってしまうものがある。質のよいものを選ぶことが最大のポイントだ。

1

フォワグラの上面に塩をふる。

2

コショウをふる。

3

刷毛で強力粉を薄くまぶす。

> **≫POINT**
> フォワグラに粉をつけるのは、表面にパリッとした歯ごたえを与えるため。つけずに焼いて、自然な焼き味を生かす人もいる。片面のみにつける、あるいはつけないは、好みで。

4

鉄板（200℃）に少量の油をたらし、ヘラで薄くのばす。

5

油の上にフォワグラを置き、そのまま動かさずに焼く。

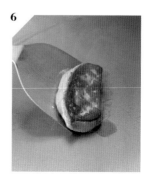

6

きれいな焼き色がついたら裏返す。

> **≫POINT**
> フォワグラを裏返す際は、フォークで片側からすくい起こし、それをヘラで受け止めてから置く。身割れしないよう、丁寧に。

7	8	9

反対面も焼く。しだいにフォワグラから脂が出てくる。	フォワグラをずらして脂から離し、脂をすくって捨てる。	焼き上がりを弾力でチェックする。

» POINT
出た脂をそのままにせず（酸化してしまう、また、見栄えも悪い）、適宜掃除する。

10	11

※芯部の加熱が足りなければ、低温エリアに移して少し置く。	カットする。

» POINT
1回の返しで両面にきれいな焼き色がつき、中まで加熱できている状態が理想。もしも焼き色は充分だが火入れが甘いという場合は、鉄板の温度が低めの位置に移して加熱する。

05 野菜

複数の種類をスムーズに焼く

野菜は鉄板焼きで旬を表現できる頼もしい存在。とくに最近は焼き野菜の人気も高い。野菜は単品で焼くこともあるが、何種類かを盛り合わせにする機会が多い。それぞれ基本の下処理（掃除や基本カットなど）は調理場ですませ、火通りを意識した細かい切り込みなどは鉄板上で行う。

複数を焼く場合、火の通りにくいものから順に焼いていく。意外に大切なのは、鉄板上にどう置くか。的確な温度帯に、見られていることを意識した美しい並べ方で、裏返す、芯を切るなどの作業のしやすい「向き」に置く。そして、焼いている間にバターや油が汚れてきたら随時ヘラで集めて捨てる。放置すると酸化臭が野菜についてしまう。

1

シイタケ、玉ネギ、サツマイモを鉄板の中温エリアに並べる。

2

シイタケの軸断面に（火が入りやすいよう）切り込みを入れる。

3

玉ネギにバターの小片をのせ、油を少量たらす。

> **» POINT**
> シイタケは旨みの汁が出てくるので、カットせず丸ごと、裏返さずに焼く。

4

焼き色がついたら、手前からヘラですくって裏返す。

5

（根元の皮をむいた）アスパラガスを鉄板に置く。

6

低温エリアでバターを溶かし、ヘラですくってかける。

> **» POINT**
> 玉ネギはくし形に切るとばらけにくい。（焼き手から見て）低いほうを手前に置くと裏返しやすい。裏返す際は全体をヘラにのせるとくっついて離れにくいので、2/3程度をのせて起こし、手前に倒す。

7

時折転がして均等に火入れする。香ばしく色づけていく。

8

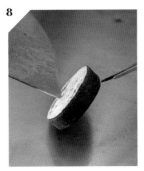

サツマイモの片面に焼き色がついたら、ヘラで裏返す。

9

油分が足りなければ鉄板にバターを少量落とす。

10

（縦¼に切ってさっとゆでた）チンゲン菜を鉄板に。

11

葉先を切り離し、下部を縦半分に切る。

12

芯を切り取って除く。

13

低温エリアでバターを溶かし、チンゲン菜にかける。

> **》POINT**
>
> チンゲン菜、広東白菜などの青菜は生から焼くと乾いてパサパサになってしまうので、下処理としてさっとゆでておく。チンゲン菜は、根元に近い厚みのある部分は短めに切る。

14

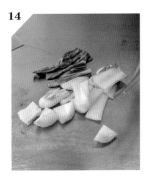

きれいな焼き色をつけ、ひと口大にカットする。

15

ほぼ同時の焼き上がり。青菜中心に塩をふる。コショウは軽く。

16

サツマイモをひと口人にカットする。

17

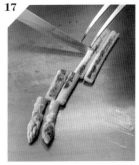

アスパラガスをカットする。

18

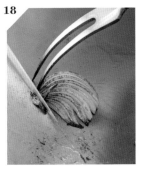

玉ネギは芯を切り落とす。

19

それぞれヘラとフォークを使ってすくい、皿に盛る。

|06| ガーリックライス

ニンニクをからりと、香ばしく

ニンニクのみじん切りをオイルで炒め、香りを引き出しながら色づけて、ご飯と炒め合わせる。ニンニクはいきなり高温で炒めると香りを引き出す前に焦げてしまうので、油は常温から、中温エリアでスタートし、「高温エリアに向けて広げる→寄せもどす」を何度か行い、熱をつけていく。

食事の最後なので、できるだけ油っぽくならないように。ニンニクの油はきり、牛の端肉を加えるならよく焼いて余分な脂を出す。具材を白飯と合わせる際、まず白飯にのせてクロッシュをかぶせて蒸らせば、適度な油分がご飯にまとわり、新たな油を足さずともきれいに炒めることができる。

≫ 動画でチェック

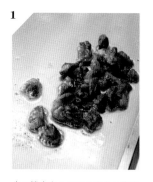

1

牛の端肉をヘラでおさえて脂を出しながら焼く。端に置く。

2

鉄板の中温エリアに油を引き、ニンニクのみじん切りを置く。

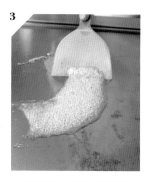

3

ヘラで高温エリアに「広げる→寄せる」をくり返して加熱する。

≫ **POINT**
ニンニクだけを使う方法もあるが、ここでは牛の脂身（旨み）、玉ネギ（甘み）、青ジソ（爽やかな香り）も使う。牛脂はサーロインのバラ先などの端肉を使用。鉄板上で細かく切り、高温で焼きはじめる。

4

次第に色づき香りが出る。完全に色づく前に鉄板の端に。

5

玉ネギを鉄板に置き、鉄板に油をたらしてヘラで寄せ、炒める。

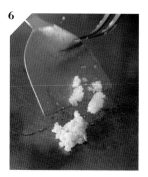

6

「すくい上げ→落とす」をくり返し、軽く色づけて、鉄板の端に。

≫ **POINT**
バターの香りをつけたい場合は、ニンニクを炒める時に油と半々で使用する。くどくならないよう、具材に牛肉を使うなら赤身の端材にするとよい。

7

白飯を鉄板の中温エリアに置き、ヘラの角で叩いて広げる。

8

ニンニクをヘラにのせてフォークで油をきり、

9

白飯にのせる。

» POINT

皿に盛った白飯を鉄板に移す際、皿からすべらせると水分のこもった底部が鉄板にこびりつきやすい。空気に触れて多少乾いた表面側が下になるよう、皿をひっくり返して移す。

10

炒めた肉と玉ネギをのせる。

11

クロッシュをかぶせて1〜2分間蒸らす。

12

高温エリアに移し、ほぐしながら炒めて具材を均等に散らす。

» POINT

周囲の鉄板に余分な油がついていたらヘラでしっかりと取り除いてから、炒め合わせる。

13

塩、コショウをふり、醤油（みりん、酒で割る）をたらして混ぜる。

14

せん切りにした青ジソを加えて混ぜる。

15

お焦げの混じった炒め上がり。碗に盛る。

» POINT

醤油は、ご飯に直接たらす方法と、鉄板にたらして香ばしさを引き出して混ぜる方法がある。

技の土台はホスピタリティ

鉄板での所作と心づかいのポイント

鉄板焼きの仕事は、カウンター鮨の仕事に通じるところがある。どちらも、食べる人の目の前で調理の一部始終を「見せる」、ある種のエンターテインメント。調理の技術だけではなく、見ていて気持ちのよい美しい所作、なにより食べる人と呼吸を合わせながら食事の流れを盛り上げていく気配りや会話が欠かせない。すべてはホスピタリティから——ベテランシェフにその心得を聞く。

解説／小早川 康
愛知県出身。名古屋東急ホテル「レストランロワール鉄板焼」でシェフを20年間務め、現在は三甲ゴルフ倶楽部「鉄板七栗」顧問。(一社)日本鉄板焼協会副会長。

1.【清潔感】即拭く、さりげなく拭く

何はさておき、鉄板カウンターで必要なのは清潔感。コックコート が汚れていないか、爪など指先はきれいか、といった身だしなみのチェックを忘れずに。昨今見かけなくなりつつあるトック帽だが、髪の毛の混入を防ぐには欠かせず、お客様の目線からしても必須だろう。

鉄板上やヘラなどについた汚れは調理しながら常に取り除く。カス入れ（カス落とし）の穴は、汚れがこびりつくとあとで掃除に苦労するので、常にきれいに。穴の手前のヘリは料理人には死角だが、客席からは見えている。キッチンペーパーを使ったら捨てるつど、ヘリにペーパーをあてて汚れをぬぐい取りながら捨てる。いかにも掃除をしているという様子は、食事中には見苦しいので、さりげなく。

クロッシュを使って周りに水がこぼれていたら拭く。開けた際も内側をさっとひと拭きする。

2.【安心感】丁寧が伝わる所作を意識する

数分間そのまま焼くなど、とくに手を出す必要がない時間があるが、ただ突っ立っていてはお客様は落ち着かないし、といって放置して消えてしまっては不安にさせる。食材を見守り、フォークの先で感触を確かめるなど、きちんと調理していることが伝わりやすいパフォーマンスも、必要テクニック。クロッシュをかぶせて蒸している間にお客様と会話をする場合、さりげなく持ち手に手を置くと、丁

寧な雰囲気がかもし出される。

　塩、コショウをふるシーンは鉄板焼きのお約束だが、味のバランスから控えたいこともある。とくに焼き野菜のすべてにしっかりふったら、味がきつすぎる。とはいえ何もしないのは、見る側にとっては物足りないもの。私はそんな場合は、フリだけ行う。お客様を思ってのトリックだ。

　食材を裏返す際は、いったんヘラに返しのせてから鉄板にすべり落とすと上品に見える。皿に盛りつけるとき、ヘラにのせた食材をフォークで皿に落とすのではなく、フォークは添えるだけで動かさず、ヘラを手前に抜くのがスマートだ。金属音をできるだけ立てないことにも注意。

3.【テンポ】料理も気持ちも冷めないうちに

　カウンター鮨には小気味のよいリズムとテンポがあるが、鉄板焼きも同じことが言える。料理と料理の間が空くのはもちろん、あまりにも長時間かけて焼いたり休ませたりするのも、鉄板焼きカウンターの意味からはずれるのではないだろうか。必要最短時間で焼き、熱々を口に入れてもらい、最後まで飽きさせないようにすべし。

4.【会話力】日頃の情報収集と臨機応変の対応

　生の食材を見せてから調理する鉄板焼きは、食材に対する質問がことのほか多いものだ。とくに牛肉に関しては、一家言ある人が少なくない。常日頃から、生産者を訪問したり、食材に関する知識を学んだりと情報を集め、いざという時にお客様が満足する回答ができるようにしておく。

　よりマニアックな食べ方や通な話を好む方には、たとえば、アワビのクチバシの中に食べられる部分があるので、説明をしながら添えると、おもしろがってもらえる。そういう話題を好まない方や、お客様同士の話がはずんでいる場合もあるので、マニュアルではなく、お客様ひとりひとりに合わせて対応する。

5.【信頼感】愛情豊かな笑顔でおもてなし

　「あのシェフに焼いてもらいたい」と指名されるのは、料理人にとって本望。素材の質とテクニック、そして信頼できる人柄が顧客を増やす決め手となる。素材に対する愛情、お客様への愛情があれば、おのずと笑顔になるはずだが、調理中は真剣になるあまりけわしい顔になりやすい。自分の表情にも、いつも意識を向けておこう。

鉄板焼き技術の進化を考える
——素材の多様化に応じた新しい視点、加熱方法

日本の鉄板焼きには、先人たちが培ってきた焼き方の技術がある。
メインテーマはもちろん和牛で、その技術は「いかにおいしい霜降り牛肉をつくるか」
という日本の黒毛和牛の生産者の努力とともに歩み、発展してきたものだ。
ただ、30年前と現在とでは、求められる霜降りの性質は変わってきている。それは日本
人の舌がより幅広いおいしさを知り、より洗練された味わいを求め、さらに美食と健康
の両方を意識するようになったこと、そして、高い志をもつ生産者が常に「和牛の最高
のおいしさとは何か」を考え、肥育法を究め、「今最高の肉」を育ててきたことによる。
和牛に対する考え方は多様化し、肉質は繊細に、一方で調理の理論も深まっている。と
なれば「焼き」の視点もアップデートする必要があるのではないだろうか。
現代のニーズを象徴する5つの素材——和牛フィレ、和牛赤身、アメリカ産アンガス牛
サーロイン、しゃも、伊勢海老——を例に、極めつけのおいしさを引き出す、合理的な
テクニックについて考えてみよう。

調理・解説／綾部 誠（鉄板焼 銀明翠 GINZA）
兵庫県出身。2004年に姫路に「鉄板焼 憩家」を開業。'10年よりマー
ズガーデンウッド御殿場の総料理長を務める。'14年、同グループ
の銀座進出にともない「銀明翠」（https://www.ginmeisui.jp）の取
締役総料理長を兼任。（一社）日本鉄板焼協会認定師範。

01 和牛フィレ
低めの温度でゆっくりと丁寧に焼き、休ませずに仕上げる

　現代の和牛の見極めのポイントはA5などの等級ではなく、飼料と肥育日数であり、その根本である生産農家の姿勢だ。たとえば肉質の指標のひとつにオレイン酸がある。一価不飽和脂肪酸のひとつで、その含有率が高いほど脂肪の融点が低くなり、口溶け、風味のよさにつながる。一方、旨みはアミノ酸に由来するが、アミノ酸を旨みとして感じるには糖が大切なのだとか。霜降り一辺倒ではなく、そうした食味のバランスと繊細な質、なにより健康を意識して餌を工夫し、長期肥育で和牛を育てる（よく"生体熟成"というが）生産者もいる。

　そうして丹精された上質な肉は無駄な水分がないし、肉質が本当に繊細だ。私が今、ベストと考える焼き方は、肉自体の水分をできるだけ逃さず、ジューシーにソフトに仕上げる方法。とくに繊維そのものが繊細なフィレの場合は、なめらかでシルキーな舌触りを生かしたい。その食感が旨みをも増幅させる。

　鉄板の温度は160〜170℃と低め。高温で焼くと細胞がすぐに壊れて水分が逃げる。低めの温度でも長時間焼けば起こるが、そうなる前に鉄板との接地面を変え、それを何度もくり返して、少しずつ温度を内部に伝えていく。ステーキに

つきもののジュージューという音は食欲を誘うが、それは肉の水分が出ている音。私の焼き方は従来に比べはるかに静かだ。

かつては、肉は高温で両面をカリッと香ばしく焼き、最後に鉄板の端で（ときにはクロッシュをかぶせて）休ませて、「肉汁を落ち着かせながら芯まで熱を伝える」のが常識だった。霜降りの脂肪にしっかり熱を伝える、という意味合いもある。だが、素材は変化している。それにこの焼き方ならフライパン調理でも可能だ。鉄板には高い蓄熱性があるのだから、ムラのない均一な火力をもってすれば、素材のディテールをもっと生かした加熱ができるのではないだろうか。

鉄板焼きは下からのみの加熱。前述した私の調理法ではフィレ肉を焼くと、下面だけが加熱され、側面も上面も休んでいる状態だ。肉汁を大事にしながら、休ませつつ焼いていけば焼き上がり後に休ませる必要はない。

最後に辻褄を合わせるのではなく、ベストな加熱、ベストな舌触り、ベストな色が同時に仕上がるようゴールして、真の焼きたてを提供するのが鉄板焼きの技術。素材のポテンシャルがシンプルに生き、160℃でも最終的にはメイラード反応できれいに焼き色がつく。現代の最上質の和牛フィレ（サーロインも同様）のおいしさを生かすには、この手法がもっともふさわしいと思う。

■ フィレ肉を焼く

肥育月齢34カ月のフィレを-2～0℃で約2週間熟成。鉄板の特性を生かしてじっくりと焼くので、事前に常温に戻す必要はないと考える。厚さ3cmにカット。

1

165℃の鉄板にE.V.オリーブ油をたらし、ターナーでのばして均一に熱する。低温のため肉がくっつきやすいので、油量はやや多め。

2

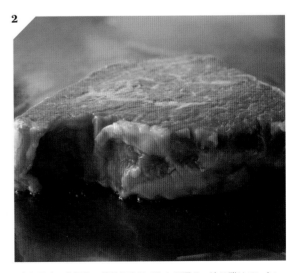

肉を置く。鉄板との接地面を見てわかる通り、油は弾けていない。音も静か。この状態のまま表面が固まるまで熱する。

≫ 音で判断する

肉を高温で焼くと表面の細胞が壊れ、水分が外に逃げ、タンパク質はどんどん固まり、表面が縮んでいく。肉質が繊細な和牛フィレの場合はその逆で、「水分をできるだけ逃さず焼き」、しっとりと仕上げたい。肉が焼けるジューっという音は肉から出た水分が油分と反発している音だ。この音がしたら温度が高すぎる。

3

接地面がほぼ固まったら（約50秒後）、ひっくり返す。焼いた面は固まってはいるが状態はスムーズで焦げ色はついていない。

4

熱い鉄板に肉が直接触れるのを防ぐため、最初のうちは常に肉の下に必ず油があるよう、周りの油をターナーで寄せて肉の下に入れ込む。

5

30〜40秒後に再度ひっくり返す。この後も→返すをくり返し、表面を縮ませないようにしながら上下から均等に火を入れ、じっくりと芯に熱を伝えていく。

6

4〜5回目の返しから、肉の表面が安定してくる。ひっくり返しも1分間ほどの間隔に。写真は7回目の返しを終えた状態。

7

表面にフォークをあてて押し返してくる弾力で火入れ度合いを確かめる。今回は計約7分間、8回の返しで焼き上げている。

8

少しずつジワジワと熱を伝えているので、休ませる必要はない。焼き上がりを確認し、カットする。

》 終始同じ温度で、上下の面を交互に焼く

最初に肉を置いてからトータルで7〜8回上下を置き変えながら焼く。肉をひっくり返すタイミングは、「鉄板に触れる面の温度が上がっていき、肉の表面が縮んで割れる寸前」、というイメージ。
回を重ねるうちにゆっくりと表面が縮み（メイラード反応で色づきも濃くなり）、湯気が出てくる。最終的に余分な水分がここで湯気となって抜け、味が凝縮される。

»シルキーな舌触り

低めの温度でじっくりと焼いたフィレ肉は、断面全体が均一の赤みを帯びている。舌触りはシルキーで、脂のくどさがなく、まろやかな味……私が理想とする和牛の肉質を最大限に生かした仕上がりになっている。

なお、これを高温で焼くと（以下の比較例）、断面の中心は赤く、表面との間は少し白っぽい。表面はカリッとした歯ごたえで（フィレなのでややパサッした感じだが）、水分が抜けている分、脂のジュワッと感や繊維が際立ってくる。メリハリのあるおいしさ。昔ながらの「霜降りを味わう」タイプの肉質には合っている。

比較例

高温で焼く→休ませる場合

1	2	3	4

200℃の鉄板に油を引き、肉を置く。水分が出てジュージューの音が大きい。肉の表面が縮んで反ってくるのでヘラでおさえる。	肉の表面に水分が上がってきたら裏返しの合図（約3分後）。焼き固まった表面が割れているのがわかる。ここから水分が抜ける。	1分半ほど焼いたら、鉄板の温度が低いエリアに置く。肉の中の対流を落ち着かせ、熱を均等にいきわたらせる。	約1分間休ませてカットする。

| 02 | 和牛ランプ
繊維が多いので低めの温度でじっくり、シンプルに焼く

牛の肉は「肩から仕上がっていく」といわれる。肩から遠いランプは、仕上がりに時間がかかるというわけだ。

和牛は一般的に28〜30カ月齢の肉が流通しているが、月齢が若めだと、とくに赤身肉はやわらかさやジューシー感がまだ足りないことが多い。赤身肉を鉄板焼きにするなら長期肥育のものを選びたい。ここでは充分に仕上がった34カ月齢の和牛ランプを使う。赤身主体で味が濃く、サーロインにつながる部分なので多少サシもあってステーキにできるやわらかさがある。

和牛が丁寧に肥育されることで、サーロインやフィレ以外の部位のおいしさも向上しており、ランプや前脚上部のクリなどは、比較的リーズナブルに提供できる、注目すべき食材だと思う。

ランプの肉質は、フィレやサーロインに比べて繊維が多い。肉の噛みごたえとジューシー感を生かしたシンプルな焼き方が正解だと思う。

脂が少ないので、高温では水分が失われてしまう。170℃の鉄板でまず片面をじっくりめに焼き、ひっくり返して、さらに焼き、そのまま仕上がりまで持っていく。

赤みが濃く、うっすらとサシも入った34カ月齢の和牛のランプ。厚さ2cmにカットして使う。

···· MEMO ····

基本の考え方：油の使い方

肉の表面が乾いたり割れたりして肉汁が逃げることのないよう、鉄板との間のクッションとして油はそれなりの量を引く。また、焼いている間、生の肉が鉄板に直接触れてはりつくことがないよう、ある程度焼き固まるまでは常にターナーで周りの油を集めて、肉の下に入れ込む。

1

170℃の鉄板にE.V.オリーブ油をたらし、ターナーでのばして均一に熱する。油量はやや多め。

2

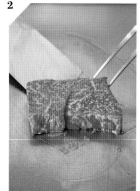

肉を鉄板に置く。

3

周りの油をターナーで集めて、肉の下に入れ込む。

» 身割れしないよう油脂で補う

火入れする時に身割れしやすいので、上質なオリーブ油または牛脂でほどよく補って、香り高くジューシーに焼き上げる。噛み切りやすく、食べやすいことを意識してカット。旨みが濃いため、幅は少し細くても充分に堪能できる。

> ······MEMO······
>
> **基本の考え方：調味について**
>
> 焼く前に塩、コショウはしていない。塩は食材の脱水を促進するので、臭みのある食材は別として、上質な肉には必要ないと思う。コショウは焼くと焦げ臭がつくのでふらない。いずれも焼いた後に味つけとしてふるか、薬味として添える。それも最小限の量で。素材の味と焼き加減だけで勝負できるのが鉄板焼きだ。

4

接地面の肉表面が縮んで反らないよう、上からフォークで軽くおさえ、焼く（約2分半）。

5

ひっくり返す。繊維が多いので焼けた面は割れている。このまませさらに1分半〜2分間焼く。

6

カットする。フィレよりも繊維が太いのでひと口のカットは薄めに。

| 03 | アンガス牛サーロイン
赤身主体のUS牛ステーキにも鉄板の特質を生かす

赤身肉の人気が高い現代、とくにカジュアルな価格帯の鉄板ダイニングにおいて、赤身主体のUSアンガス牛は有効な商材だろう。

日本人の嗜好も追求され、品質は格段に向上しているが、和牛のようなやわらかさや芳醇さのある肉質ではない。少し高めの温度で焼き色をつけて、噛みごたえや旨みを引き出し、力強さを表現する。ただし、200℃の高温で両面をガチッと焼き、休ませる、という手法では（フライパンでもできることで）せっかくの鉄板の熱の特性を生かせない。鉄板なら、180℃ほどの中温でゆっくりめに両面を焼き、中心に熱が伝わるのと、表面にほどよく焼き色がつくのを同時に仕上げたい。

なお、ソースとは好相性。仕上げに鉄板上でニンニク醤油をふりかけてもよい。

USアンガス牛サーロイン。繊維がしっかりしているので厚くしすぎると噛みにくく、薄すぎても水分が抜けてパサつく。和牛フィレ肉よりは薄めにカットする。

写真の肉は厚さ2cm、200g。180℃の鉄板にやや少なめのE.V.オリーブ油を引き、肉を置く。

広がる油をターナーで集め肉の下に入れ込む。

接地面が固まったらひっくり返す（約1分半後）。火力が強い分、焼き汁がしみ出して、鉄板に焦げついている。

ひっくり返したらフォークで軽く表面をおさえて密着させ、3と同じ時間焼く。

5

再びひっくり返し、軽く焼いたら（約20秒）、ひっくり返してカットする。結果、両面ほぼ同等の焼き時間となる。表面は微細にひび割れしているが、ガチガチに割れてはいない。中心の赤みは強く見えるが、芯まで温まっている状態。

» 香ばしさ優先で、油はやや少なめ

経験上、US牛は色づきにくく白っぽく焼き上がる印象がある。香ばしい色をつけるため、最初に鉄板に引く油の量をやや少なくし（身割れするリスクはあるが）、あえて肉を鉄板にくっつきやすくして焼き目をつけている。

焼きのニュアンスをつかむ

玉ネギの輪切りを焼く
肉の火入れとターナーづかいの練習に

玉ネギの輪切りを完璧に焼くのは意外に簡単ではない。何度も上下を返しながら低温でじっくりと焼く……ステーキを焼く勘所を養う練習としてお勧めする。温度も返す回数も異なるが、適度にみずみずしさを残し、ムラなく焼き色をつけ（けっして焦がさず）甘みを引き出す感覚は肉にも応用が利く。玉ネギをばらけさせずに返す手さばきにも慣れとコツが必要で、ターナーづかいの練習も兼ねる。

|04| しゃも
皮8対肉2、の割合イメージで焼く

鉄板焼きのメニューに牛肉以外の肉を加えるとしたらなんだろうか。豚は、水分の抜けやすい肉質が鉄板焼き向きではなく、上質な銘柄豚であれば分厚い塊を薪火や炭火でじっくり焼くのが向く。

鉄板焼きに向くのはしゃもだと思う。形状としても焼きやすく、旨みが濃く、噛みごたえのある食感。塩とレモン汁だけで充分においしい。

しゃもを焼くポイントは、ひとえに「いかに皮目をパリッと焼くか」。鉄板は全面均等に焼き色をつけられることがメリットなので、皮のよれ具合を確認しながら、丁寧にのばしつつ、焼いていく。その間、出てきた脂をターナーですくって肉にかけるのもポイントだ。フライパンという空間内ではやりにくいこの作業が、鉄板上だと非常にやりやすい。

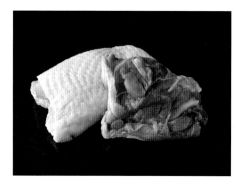

普通の鶏肉に比べて旨みが強く、肉質もしっかりとしている。1枚約300gのもも1枚をそのまま焼く。

1

180℃の鉄板にE.V.オリーブ油を引き、肉を置く。まずはそのまま。

2

しだいに皮が縮んで「より」が出てくる。めくってみて、よっているところがあれば（シーツのシワをのばすように）のばす。

3

「より」をのばしたら鉄板に平たく置き直す。

4

この「のばす→置き直す」を何度もくり返す。右側をめくったら、次は左側というように。

5

だんだんと色づきが濃くなる。皮に「より」があると色づきがムラになるので、均等に少しずつ色づけていく。

5

しだいに脂が溶け出してくる。ターナーを皮と鉄板の間に素早くすべり込ませてすくい、

6

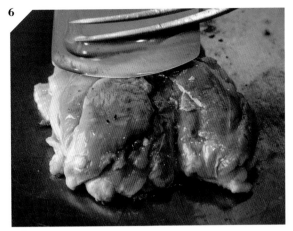

フォークを使って肉にかける。これをくり返す。周囲にも脂が出ているので左右からターナーをすべらせてすくう。

7

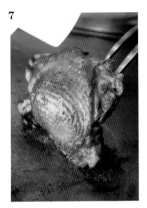

脂かけをくり返しながら焼き、皮にしっかりと火が入り、色濃くなってきたら（約3分後）、ひっくり返す。

8

身の面を焼く間も、くり返し脂をすくって皮にかける。

≫ しゃも自体の脂をかけながら

皮をじっくりと焼く間、しだいに脂が溶け出してくる。この脂がおいしいので、すくい取っては肉にかける、をくり返す。乾きを防ぎながら風味を重ねつけていくイメージだ。仕上がりの肉のジューシー感にもつながる。

9

肉の火入れを弾力で確認し（約1分半後）、カットする。切りづらい場合は皮面を下にする。

| 05 | 伊勢エビ
一尾丸ごとを焼き、ソース不要、素材自体のおいしさで勝負

　オマールや伊勢エビなど大型のエビは半割にして焼く、という方法が昔から一般的だが、それでは身が縮みやすく、表面が乾きやすく、それを補うためにソースをかけることになる。ソースのおいしさで食べさせるのはフランス料理にまかせ、鉄板焼きは焼きの技術を追求すべきではないだろうか。

　肉と同様、素材自体の旨みを逃さず、香り高く焼き上げることを目指すとすれば、「一尾丸ごと、殻の中で蒸し焼きにする」という方法にたどり着く。縮みも少なく、旨みが凝縮される。半身1人分では奇数オーダーでロスが出るが、やや小ぶりのものを1人分1尾とすればロスがなく、食べる人にも満足度が高い。

1尾で1人分の想定なので、200〜250gを使用。尾先から腹の中心に金串を刺し通し、飛び跳ねを防止する。

1

190℃の鉄板にバターを溶かす。油よりもバターのほうが、この後水を加えた時に飛び散りが少ない。

2

伊勢エビを置いて腹を焼く。エビから出た汁とバターが混ざり固まったものはターナーで取り除く。約1分後、水を注ぐ。

3

蒸発する水分を利用して、殻の中でエビを蒸し焼きにする。ナイフで尾を広げて鉄板に密着させ、フォークで背をおさえる。

4

約1分後、エビをずらして鉄板のこびりつきを取り除き、串を抜き、横に倒す。水を注ぎ、蒸し焼きにする（30〜40秒）。

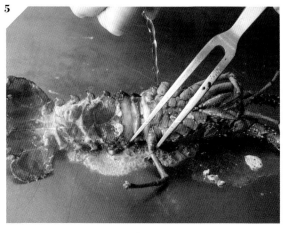

5

反対の側面を下にし、水を注ぎ、同様に蒸し焼く。鉄板に密着しにくい側面から背面にかけてを蒸気の熱で火入れする。

6

頭胸部の殻にナイフの刃先を入れて1周なぞり、腹部から切り離す。

7

頭胸部を少し低温エリア（170℃）の鉄板に置く。水を注いで、

8

すぐにクロッシュをかぶせる。ミソにしっかりと火入れする（約3分間）。

9

その間に、腹を上に向けてフォークでおさえ、腹肢をハサミで切り、ナイフの刃先ではがし取る。

10

150℃の鉄板にバターを溶かす。脇にエビを置き、殻をおさえながらフォークで身を刺し、ひねってはずす。

11

すぐにバターの上に置き、両側面をさっと焼く。背に切り目を入れてカット。白ワインをふってからませる。皿に盛る。

» 少量の水をかけ、殻内部で蒸す

鉄板の熱＋水を使って殻の内部で蒸し焼く。適度な水分の蒸発が大切なのでクロッシュは不要。殻がクロッシュがわりだ。全体に均等に火が回るよう腹、両側面、それぞれに水をかけて火入れ、をくり返す。

12

8のクロッシュをはずす。頭胸部の上側の殻を持ち上げてはずす。

13

胸脚側を縦半分に切って皿に盛る。殻の中にあるミソを添える。

Part 2

コースで魅せる

伝統的にコース料理で供されることが多い鉄板焼き。近年は、美食ニーズの多様化に合わせた意欲的な創作メニューも多く登場している。「前菜からデザートまで」のコースメニューを通してどのように鉄板づかいを構成し、おいしさとアクションで魅せるか。4軒のトップレストランが、それぞれのテーマに沿ったコースメニューの内容を全公開する。

六本木うかい亭
Roppongi Ukai-tei

東京・六本木

ゲストの要望に合わせて提案、創作。
技術、創意、ホスピタリティの完成形

　創業は1964年、東京郊外の八王子にていろり炭火焼き店からスタートし、鉄板料理、豆腐料理、割烹料理、菓子業態などを展開、それぞれで高い存在感を発揮するうかいグループ。鉄板料理は'74年に八王子の1号店にはじまり、ほかに東京3店、神奈川2店があり、東京・神奈川圏の鉄板料理オーソリティとして安定のブランド力をもつ。台湾にも2店進出。

　指定牧場の和牛など上質素材を使えるのはこのスケールメリットあってのもの。さらに、45年前から続くアワビの岩塩蒸しなどの名物料理、鉄板料理の技術を極めたスタッフに"マエストロ"の称号を与える人材育成法、選び抜かれた調度品、そしてなにより、各店舗の料理長や支配人の裁量で異なるカラーを打ち出しているところも同グループならではの特徴だ。同じうかい亭でもメニューは違い、共通のマニュアルはないのだ。

　2018年開業の最新店である六本木店は、プライベート感あふれる半個室6室のシェフズテーブルスタイル。緋色のカウンターがみやびな雰囲気だ。夜のコースは3万3,000円からで、店の個性がもっとも発揮されるのは"オートクチュールコース"3万8,500円〜。決まった内容はなく、「白トリュフをふんだんに」「松葉ガニは必ず入れて」など、予約時にリクエストを聞き、個別にコース内容を組み立てる。料理長の岡本譲さんはフランス料理出身で、アメリカでの経験もあるが、「姉妹店の割烹料理店と隣接するため、和の味や技も取り入れているのが当店の特徴です」と話す。

　上質な素材を生かすための細やかな技の連打。料理によってはサービススタッフが仕上げる変化球も。"劇場"と評され食べ手の視線を一身に集めるが、むしろつくり手がよく観察して、目配り気配りを徹底する。そのホスピタリティが、高い評判、リピート率へとつながっている。

東京都港区六本木6-12-4
六本木ヒルズけやき坂通り2F
03-3479-5252
www.ukai.co.jp/roppongi-u

オートクチュールコース
Haute couture course

– 01 –

蒸したての毛蟹とキャビア、
ブリニを添えて

Steamed KEGANI crab and caviar with brini

– 02 –

パルメザンチーズをまとった
北海道産ホワイトアスパラガス

*White asparagus from Hokkaido wrapped
with shaved parmigiano reggiano*

– 03 –

スモーク薫る牛フィレのたたき、
花山椒とともに

*Light smoked fillet-minion "Tataki",
a hint of Sichuan pepper*

– 04 –

フカヒレ素麺、すっぽんのコンソメで

*Shark's fin somen noodle,
SUPPON consommé*

– 05 –

江戸前太刀魚のムニエル、
爽やかな夏の香り

Scabbard fish meunière with ginger flavor

– 06 –

鮑の岩塩蒸し、トリュフのソース

*Abalone "en-croûte" with salt,
sauce périgueux*

– 07 –

うかい極上牛ステーキ

The best quality of beef "UKAI" steak

– 08 –

毛蟹と自家製からすみの
炊きたて土鍋ご飯

*Rice steamed with KEGANI crab in cray pot,
home-made bottarga*

– 09 –

完熟メロンとマスカルポーネムースのパフェ

*Ripe sweet melon sundae
with mascarpone mousse*

– 10 –

プティフール

petit-four

調理／岡本 譲
静岡県出身。フレンチの名店に14年間勤務し、系列店のシェフを
経験。カリフォルニアのレストランで4年働いたのち、2009年に
（株）うかい入社。「あざみ野うかい亭」料理長を経て、'18年「六本
木うかい亭」開業とともに料理長に就く。

プレゼンテーション
Presentation

黒毛和牛ロース、フィレ、イチボ、そして山海の旬素材を見せるところから、うかい亭劇場の幕を開ける。岡本料理長をはじめ、店内6部屋それぞれに担当のマエストロや料理人がいる。オートクチュールコースの場合、提供される食材は各部屋で異なるが、牛肉は共通で、鳥取県と兵庫県の境にある指定牧場で長期肥育された「田村牛」を使用。

– 01 –
蒸したての毛蟹とキャビア、ブリニを添えて

Steamed KEGANI crab and caviar with brini

まずはハーブの香りで食欲を増進させる。そして、ブリニを焼き、ヘラ2本でカニの殻をむいて身をポンポンと取り出すなど、あざやかな技の連続で引き込ませる。

構 成

毛ガニの脚（霜降りにしておく）
ブリニ
キャビア
玉ネギのラビゴット
卵のミモザ
サワークリーム
レモンのくし切り
金箔

1
まず塩の台を作る。鉄板（180℃）に塩をたっぷりとのせ、平らにならす。

2
塩の台の中央に水を適量かけて湿らせ、バジルやディルなど数種のハーブをのせる。蒸されて蒸気が上がってくる。

3
ハーブの上にカニの脚をのせる。オリーブ油と水を少量ふりかけ、クロッシュをかぶせて蒸しはじめる。

4
200℃のエリアの鉄板に生地を流してブリニを焼く。

カニの上にキャビアをたっぷりとのせ、金箔を飾る。キャビアの旨みと塩気、レモンの酸味、3種の薬味をお好みで組み合わせて、さまざまな味わいを楽しんでいただく。

5

両面にきれいな焼き色をつけ、側面も転がして焼き上げ、皿（つけ合わせを盛りつけた）に置く。

6

蒸しはじめから約5分後、クロッシュを開ける。

7

脚を平らに置き、ヘラで殻を引きはがし、身を取り出す。脚先はご飯のだし用に取り置く。

8

カニの身を鉄板の低温エリアに見栄えよく並べ、レモン汁をふる。ヘラを使いブリニにのせる。

－ 02 －

パルメザンチーズをまとった
北海道産ホワイトアスパラガス

White asparagus from Hokkaido wrapped
with shaved parmigiano reggiano

旬のごちそう野菜を、シンプルに。厨房で下ゆで
したホワイトアスパラガスを鍋ごと客前に運び、
サービスマンがその場で仕上げて提供する。

1 下ゆでしたアスパラガス鍋の蓋を開け、ふわっと立ち上る香りを、感じてもらう。

2 鉄板に並べて温めてから、削ったパルミジャーノの上で転がす。皿に盛る。

マイクロプレーンで削ったふわふわのパルミジャーノをまとったアスパラガス。ジャラハニーをたらし、アクセントとしてタスマニア産コショウをふる。

1 鉄板（250℃）にフルール・ド・セルを薄くまき、フィレの側面を軽く焼き固める。1面ずつ転がし（塩をまぶしつつ）、均等に。

2 周囲の塩を取り除き、上下の断面を順に焼き固める。

3 全面をきれいに固めた状態。

− 03 −

スモーク薫る
牛フィレのたたき、
花山椒とともに

Light smoked fillet-minion "Tataki",
a hint of Sichuan pepper

鉄板上を転がしながら牛フィレにやさしく火を入れ、最後に茶葉でスモーク。焼き色と火入れ（最終的に芯温が62℃に）のバランスを計算しながら調理を進める。クロッシュを開け、いよいよ肉を切り分けた時の完璧な焼き色が最初のごちそう。

花山椒のピュレを敷いた皿に、切り分けた肉を盛り、コンソメを流す。花山椒を散らしかける。肉の繊細な旨み、かすかなスモーキー感、山椒の上品な刺激が、口の中でハーモニーを生み出す。

4

低温エリアに移す。側面を鉄板に置き、クロッシュをかぶせて5分ほど加熱。時折、開けて接地面を変える。

5

熱した備長炭を置き、アールグレイの茶葉をのせ、隣に肉を置き、クロッシュをかぶせる。

6

約30秒いぶす。火入れ目的ではなく香りをまとわせるためなので低温エリアで行う。

7

クロッシュを開け、炭を取り除き、フィレの側面から半分に切り分ける。

– 04 –

フカヒレ素麺
すっぽんのコンソメで

Shark's fin somen noodle, SUPPON consommé

コースの途中で口直し感覚に、小ポーションの素麺を
提供することがある。冷たいスッポンのコンソメを客
前で注ぎ、シェリー酒のスプレーで香りづけ。

<u>構成</u>

すっぽんのコンソメとグラニテ
フカヒレのコンソメ煮
素麺
スダチ、シェリー

– 05 –

江戸前太刀魚のムニエル、
爽やかな夏の香り

Scabbard fish meunière with ginger flavor

脂ののったタチウオは筒切りにして焼くことで縮みが少な
く、ジューシーに。泡立ったバターをからめたり、骨から身
をはずしたりするヘラづかいも見せどころ。

<u>構成</u>

タチウオの筒切り
ショウガのソース
翡翠なす
バジルのピュレ

1	2	3	4

1 タチウオに塩、黒コショウをふ
り、強力粉を両面にまぶす。

2 余分な粉を落として、太白ゴマ
油を引いた鉄板 (250℃) に置く。
周りの油をヘラで集めてタチウ
オに寄せて焼く。

3 裏返して反対面も焼く。途中、
汚れた油は拭き取り、新しい油
を別の位置で温めてから足す。

4 ひっくり返す。鉄板をきれいに
拭き取り、バターを置いて溶か
す。泡立ったら、一部をヘラで
取り、魚の下に流す。

5

泡立っているバターの上にひっくり返して置く。ヘラでバターを寄せて、香りを含ませながら焼く。

6

バターをかけながら焼き上げる。

7

油をきり、低温エリアに置いてクロッシュをかぶせる（ソースをつくる間、最終の火入れ）。途中、状態により裏返す。

8

熱したオーバル鍋を置き、ショウガのソースをつくる。別鍋で翡翠なすをバジルのピュレであえる。

9

クロッシュを開ける。魚の両サイドから中骨に沿ってヘラをさし入れ、上身をはがす。

10

同様に、中骨の下に両サイドからヘラをさし入れ、骨をはずす。魚を皿に盛る。

すっきりとしたショウガのソースで、ムニエルのリッチな風味を爽やかに引き立てる。翡翠なすにバジルのピュレをからませたガルニテュールを添えて。

– 06 –

鮑の岩塩蒸し、
トリュフのソース

Abalone "en-croûte" with salt, sauce périgueux

45年来のうかい亭のスペシャリテ。天然の活アワビを「スライスせず、1個丸ごと」使うことも一貫したこだわりだ。肉に合うペリグーソースも添えて、海のジビエともいわれるアワビの噛みごたえ、旨みを堪能してもらう。

構 成

活アワビ
ポワロー
ブールブランソース
ソース・ペリグー

1

鉄板（220〜230℃）に油を引き、笹を2枚重ねて敷く。活アワビを置く。酢漬けのエストラゴンとレモンのスライスをのせる。

2

アワビの上から昆布（もどしたもの）をかぶせる。この後、たっぷりの塩をかぶせて全体を包み込む。

3

適量の水をたらして、ほどよく塩を湿らせる。

4

クロッシュをかぶせ、15〜20分間そのままおいて蒸し焼きにする。

5

蒸し時間はアワビの大きさに応じて調整する。クロッシュを開け、塩をはずす。

6

ナイフとフォークを使って、殻から身を取り出す。鉄板の上でキモを切り取る。

7

貝柱のエンガワを切り整え、表面に斜めに格子状の切り目を入れる。

8

ひとつずつ作業し、終わったらいったん殻に戻す（皿盛りまでの短い間に過剰に火が入らないように）。

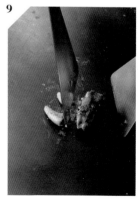

9

キモをカットしてオリーブ油を引いた鉄板上で焼く。塩、コショウをふる。

アワビは約130g大。200g大を半
分に分けて提供することもあるが、
その場合もスライスはせず噛みご
たえを生かす。ソースのトリュフ
をのせて香りを立たせる。

－ 07 －

うかい極上牛ステーキ

The best quality of beef "UKAI" steak

毎回内容の異なるオートクチュールコースの中で、定番とし
てリクエストされるのは、やはりステーキ。クリスピーな表
面とジューシーな中身がバランスよく味わえるよう、サイコ
ロ状にカットし、厳選した薬味とつけ合わせで。

構 成

黒毛和牛サーロイン…180 g（3人分）
ニンニクチップ
広東白菜のソテー
山ワサビの醤油漬けピュレ
山ワサビのすりおろし
カンボジア産生粒コショウ
合わせ醤油

内装に合わせて特注した、唐津の陶芸家、十四
代中里太郎右衛門のステーキ皿。薬味はほかに
合わせ醤油を添えている。

1

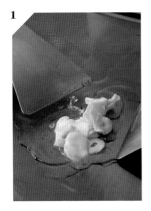

鉄板の低温エリアに太白ゴマ油を引き、すぐにニンニクのスライスを置く。油の上を転がすようにして弱火で炒め続ける。

2

きつね色に揚がる少し手前で、油を取り除き、塩をふり、鉄板の端にしばらく置いて油をきる。器に取り出す。

3

肉は常温にもどさず、冷蔵庫から出したてで使う。上面に塩、コショウをふる。

4

鉄板（270℃エリア）に太白ゴマ油を引き、肉を裏返して置く。油をヘラで肉に寄せ、上面に塩、コショウをふる。

5

底面がきれいに色づいたら（約2分間）裏返す。

6

焼いている間、次第に肉から脂が出てくる。酸化臭がついてしまうのでこの脂は捨てる。

7

裏面を2分間ほど焼いたら、低温エリアに移して休ませる（約5分間。その間、状態によって適宜）。

8

広東白菜を高温エリアに置き、根元に切り目を入れ、水少量をかけ、クロッシュをかぶせて蒸す。

9

塩、コショウをふり、醤油をヘラで受けて少したらし、ひと口大に切る。レモンをしぼる。

10

きれいに火が入り、表面が香ばしく色づき、中の肉汁が落ち着いた状態。

11

細長く3等分に切り分ける。

12

各面を軽く焼く。高温エリアに移動させ、ひと口大に切り分けて皿に盛る。

– 08 –

毛蟹と自家製からすみの
炊きたて土鍋ご飯

*Rice steamed with KEGANI crab in cray pot,
home-made bottarga*

締めの食事は土鍋ご飯、素麺、ガーリックライス、リゾット
など希望に応じてさまざまで、土鍋では小柱と黒トリュフ、
ウニ、キャビアの卵かけご飯など、リッチな食材を添えたも
のが喜ばれる。毛ガニはコースの始まりと終わりに登場する
ことでストーリー性が高まり、記憶に残る味となる。

構 成

新ショウガ入りご飯
毛ガニのほぐし身
カラスミのスライス
岩海苔の味噌汁
香の物

きざみ新ショウガ入りのご飯を
土鍋で炊き、蒸した毛ガニの肉
をのせて蒸らし、プレゼンテー
ション。

– 09 –

完熟メロンと
マスカルポーネムースの
パフェ

Ripe sweet melon sundae with mascarpone mousse

デザートは3種類からの選択で、パフェ、プリン、白玉ぜんざいといった懐かしくほっとするタイプのものが多い。メロンのパフェは、マスカルポーネのムース、メロンの果肉、メロンのソースとグラニテを層にしたもので、グラニテはかき氷機で削っている。

– 10 –

プティフール

petit-four

お腹はいっぱいでも、つい手をのばしたくなる魅惑の小菓子をスタンドで提供。一例として、ウィークエンドシトロン、キャラメルバナーヌのマカロン、ショコラガナッシュのタルトレット、ピスタチオのビスコッティ、ナッツとフランボワーズのヌガー。

食後のお茶とプティフールは場所を変えてサービスするのが同店流。けやき並木の景観のバーラウンジで。ランチのプティフールは焼きたてのマドレーヌを定番にしており、その香り高さと、山盛りにした素朴さが受けている。

蒸したての毛蟹とキャビア、ブリニを添えて *p.052*

【毛ガニの下処理】

毛蟹（800ｇ）の脚を切り、湯に落とし、冷水にとる（霜降り）。殻に切り目を入れていったん身をはずしてから殻にもどす。腹の部分は殻を開いて塩を盛り、8割程度まで蒸す。爪先や殻はだしをとる（いずれも土鍋ご飯に使用）。

【ブリニ】

強力粉…160ｇ
ベーキングパウダー…12ｇ
グラニュー糖…36ｇ
塩…3ｇ
全卵…1個
牛乳……150ｇ
ヨーグルト…150ｇ

【玉ねぎのラビゴット】

新玉ネギのみじん切りにフィーヌゼルブ、レモン汁、フレンチドレッシング、ケイパーを混ぜ、塩で味をととのえる。

【卵のミモザ】

ゆで卵をつくる。白身と黄身に分け、それぞれ裏漉しをし、合わせる。

パルメザンチーズをまとった北海道産ホワイトアスパラガス *p.054*

【ホワイトアスパラガスの下処理】

極太のホワイトアスパラガスの皮をむく。むいた皮、多めの塩、半割レモン、タイムを入れた湯でゆでる。

スモーク薫る牛フィレのたたき、花山椒とともに *p.055*

【花山椒のピュレ】

花山椒（ゆでる）
大根おろしの汁
シブレット
コンソメ・ドゥーブル
太白ゴマ油

材料をミキサーにかけ、塩で味をととのえる。

【コンソメ・ドゥーブル】

牛スネ肉の挽き肉、生ハム端材、香味野菜、フォン・ブランを煮て澄ませ、コンソメをつくる。再び、牛スネの挽き肉と少量の鶏モモの挽き肉、ローリエ、タイム、皮つきニンニクのつぶしを入れて煮る。醤油数滴と粗砕きの黒コショウを加え、布で漉す。

フカヒレ素麺、すっぽんのコンソメで *p.056*

【すっぽんのコンソメ】

すっぽん…2はい
a｜赤酒…8合（1,440ml）
　｜水…一升（1,800ml）
　｜昆布…3枚（1mを⅓カット）
　｜ショウガ、長ネギ…適量

すっぽんの首を落として血抜きし、さばく。内臓以外のすべてと**a**を鍋に入れ、弱火で4時間煮て漉す。

【すっぽんのコンソメのグラニテ】

すっぽんのコンソメを冷凍し、かき氷機で削る。

【フカヒレのコンソメ煮】

フカヒレを水で1日もどし、水から沸かして臭みをとる。ほぐしてすっぽんのコンソメで軽く煮て、漬けたまま冷ます。

江戸前太刀魚のムニエル、爽やかな夏の香り *p.056*

【翡翠なすのバジルピュレあえ】

丸なす

a バジル
E.V.オリーブ油
ニンニク

1 丸なすの皮をむき、塩とオリーブ油をまぶし、ラップで包み、600Wの電子レンジで3〜5分間加熱する。もみしだいて色を出す。

2 **a**をミキサーにかけてピュレにする。

3 鉄板にオーバル鍋を置き、¼にカットした**1**を入れ、**2**を加えてあえる。

【貝のだし】

a 大アサリ、ハマグリ

b ショウガ（厚切り）
長ネギ（緑の部分のぶつ切り）
セロリの葉
昆布…長さ20cm1枚

水…適量

同量の**a**を**b**とともに鍋に入れ、水をひたひたに注いでゆっくり加熱し、沸いたら昆布を取り除き、5分ほど煮て、火を止める。30分置いて漉す。

【ショウガのソース】

a ショウガ（みじん切り）
エシャロット（みじん切り）
タイム
ケイパーの酢漬け（半割）

ノイリー・プラット
葛粉
貝のだし

1 熱したオーバル鍋を鉄板に置き、オリーブ油を入れて熱し、**a**を加える。香りが立ったら、ノイリー・プラットを加え、アルコールを飛ばす。

2 水で溶いた葛粉で軽くとろみをつけた貝のだしを加えて乳化させる。

鮑の岩塩蒸し、トリュフのソース *p.058*

【ソース・ペリグー】

a マデイラ酒
ブランデー

ルビーポルト酒

b グラス・ド・ヴィヤンド
コンソメ・ドゥーブル

トリュフのコンフィ
ジュ・ド・トリュフ

c 生クリーム
バター

1 同割の**a**と少量のルビーポルト酒を鍋に入れ、水分がほとんどなくなるまで煮詰め、**b**を加え煮詰め、漉す。

2 トリュフのコンフィ（トリュフを煮沸して乾かし、オリーブ油と真空パックして70℃で30分加熱）を1cm角に切り、バターで軽く炒め、ジュ・ド・トリュフを加えて軽く煮詰める。

3 **2**に**1**を加えてなじませ、**C**を加えて仕上げる。

【ゆでたポワロー】

ポワローの緑の部分を短冊に切り、食感が残るよう軽く塩ゆでする。

うかい極上牛ステーキ *p.060*

【山ワサビの醤油漬けピュレ】

山ワサビをすりおろし、醤油、煮切ったみりんを各少量加えて混ぜ、半月間ほど漬ける。

【合わせ醤油】

a 醤油…900cc
みりん…450cc
昆布…20cm角1枚

削り節…ひとつかみ

aを鍋に入れて沸かし、火を止めて削り節を入れる。冷蔵庫で3日間置いて漉す。

毛蟹と自家製からすみの炊きたて土鍋ご飯 *p.062*

米をとぎ、粗く刻んだ新ショウガと、同割の水と毛ガニのだしを加えて土鍋で炊く。毛ガニの腹、爪、脚などの肉をのせて蒸らす。

完熟メロンとマスカルポーネムースのパフェ *p.063*

【マスカルポーネムース】

マスカルポーネ…100g

a グラニュー糖…15g
増粘剤（プロエスプーマCOLD）…8g

脱脂濃縮乳…20g
牛乳…30g
生クリーム（乳脂肪分40%）…50g

1 マスカルポーネをほぐし、よく混ぜた**a**を加え合わせる。

2 残りの材料を順に加え混ぜ、冷蔵庫で半日以上置いてからエスプーマのサイフォンにセットする。

【メロンのグラニテ】

メロンをジューサーにかけ、水やグラニュー糖で味を調整し、冷凍する。

【メロンのソース】

グラニテ同様にメロンジュースを作り、凝固剤（シェフズミラクル）で濃度をつける。

パーク ハイアット 京都「八坂」

Parl Hyatt Kyoto, YASAKA

京都・高台寺

フランス料理の技術と美食観から生み出す 新しい鉄板料理

2019年秋、京都東山にパーク ハイアット京都が開業した。高台寺に隣接し、周囲の歴史的建造物に溶け込む、静謐で小規模な超ラグジュアリーホテルだ。

そのシグネチャーダイニングが、八坂。長い鉄板をコの字型にカウンター席が囲み、窓外にまるで一幅の絵を見るように八坂の塔を望む。なんとも特別な空間。従来の"ホテルの鉄板焼き"とは異なる、格式あるフランス料理を取り入れた新コンセプトの鉄板料理のレストランだ。

シェフとして招かれたのは、南仏を中心にフランス一流レストランで16年間の経験を積んだ久岡寛平さん。パリでミシュラン一ツ星を獲得した第一線の実力派だ。「日本の鉄板焼きの本質をリスペクトしつつ、あくまでフランス料理を土台に料理を構築しています」と語る。

ディナーは伝統的な鉄板焼きの5品メニュー（27,830円）、プリフィクスの6品メニュー（32,890円）、創作度の高いシェフの

おまかせメニュー（37,950円）の3種類で、おまかせのメインは山形牛、またはフランス料理ベースの肉料理を選択できる。

八坂の特徴は「チームで焼く」こと。久岡さんの指揮のもと、複数の焼き手が役割分担し、異なる皿、異なる調理段階を連携して、料理の提供を進めていく。いわば鉄板を舞台としたフランス料理のオープンキッチンなのだ。肉が中心となりがちな従来の鉄板焼きに対し、魚介にも比重を置いているのも特徴。とはいえフランス料理をすべて鉄板で表現できるわけではない。何ができ、何を表現するかを判断してメニューを組み、調理工程をアレンジし、鉄板で完璧にフィニッシュするための丁寧な仕込みを行う。一方で、鉄板だからこそ伝統フランス料理以上に繊細に火入れできる世界もある。「フランス料理×鉄板焼き」から生まれる化学反応は、フレンチ、鉄板焼きどちらにも新しい可能性を生み出している。

京都市東山区高台寺桝屋町360
075-531-1234
www.parkhyattkyoto.jp

シェフのおまかせコース
Tasting menu

– 01 –

日替わり三種のカナッペ

Canapés

– 02 –

ビーツのローストとシェーヴルチーズ、
柑橘のヴィネグレット

Roasted beetroot, chevre cheese, citrus vinaigrette

– 03 –

じゃがいものパンケーキ、
雲丹、車海老、キャビア

Potato pancake with sea urchin and prawn caviar

– 04 –

たこのガリシア風、ロメスコとチョリソ

Galician style octopus, chorizo and romesco sauce

– 05 –

駿河湾ラングスティーヌと
ホタテのタルタル

SURUGA Bay langoustine and scallop tartare

– 06 –

ブイヤベース

Bouillabaisse

– 07 –

お口直し

Riped tomato tartare

– 08 –

南仏システロン産仔羊の背肉、
葉ニンニクのピュレ

Lamb loin of Sisteron, green garlic purée

– 09 –

牛のしぐれ煮 だし茶漬け

*Simmerd beef, roasted rice ball and dashi,
"Ochazuke" style*

– 10 –

守破離のグラニテ

Pre-dessert, SHUHARI granité

– 11 –

ピーチメルバ

Peach Melba

– 12 –

小菓子とお土産

Petit-four

調理／久岡寛平

奈良県出身。20代前半に渡仏し、モンペリエとパリの「フレール・プルセル」、ラ・ナブールの「ロアジス」などで修業。2016年にパリの「ラ・トリュフィエール」の料理長としてミシュランツ星を獲得。'19年、パーク ハイアット 京都「八坂」の料理長就任。

– 01 –

日替わり三種のカナッペ

Canapés

パテ・アンクルートなど、フランス料理ならではの精緻
な味の組み立てをひと口サイズで。ディナータイムの着
席後にまず提供し、メニューを選びながらシャンパンや
ビールとともに食前のひとときを楽しんでもらう。

構成

カマスのコンフィのタルティーヌ
鴨肉のパテ・アンクルート
オマールのケーク・サレ

– 02 –

ビーツのローストと
シェーヴルチーズ、
柑橘のヴィネグレット

Roasted beetroot, chevre cheese, citrus vinaigrette

コースがはじまる前に、アミューズブーシュとして季
節感のある小さな冷菜を。京丹後の青木農園産のビー
ツと山羊のチーズの組み合わせに、青リンゴの爽やか
さ、トリュフの香りを添えて。

ビーツはアニス酒をふりかけて
蒸し焼きに。チーズのミルキー
感、青リンゴのシャキシャキ感
がアクセント。柑橘ドレッシン
グでフレッシュにまとめる。

粉の量を最小限に抑えたブリニ生地
はマッシュポテト主体。ポテトのや
わらかい風味が、キャビア、ウニ、
エビの旨さを包み込む。

– 03 –

じゃがいものパンケーキ、
雲丹、車海老、キャビア

Potato pancake with sea urchin and prawn, caviar

伝統的な「キャビアとブリニ」の組み合わせをオリジナルスタイル
で。目の前で焼いたそば粉入りブリニは香ばしさもひとしお。八坂
のシグネチャーディッシュのひとつ。

構 成

ブリニ生地

クルマエビ

生ウニ

キャビア

サワークリーム

カクテルソース

セルフイユ

1	2	3	4

1　セルクルに米油をまぶし、同じく油を引いた中温の鉄板に置く。ブリニ生地を（高さ5mmほど）入れる。

2　セルクルを抜き、触らず火を入れる。色づいたら裏返し、両面ともきつね色に焼く。

3　並行して、クルマエビ（殻をはずす）を鉄板で焼く。両側面を色づけ、縦半分に切る。

4　焼き上げたブリニを鉄板の端に移し、ソースとサワークリームをぬる。この上に具を盛る。

– *04* –

たこのガリシア風、ロメスコとチョリソ

Galician style octopus, chorizo and romesco sauce

ゆでダコとポテトにパプリカパウダーをかけたスペイン郷土料理を繊細にアレンジ。それぞれ丁寧に下処理してから鉄板で焼き、ロメスコ（赤ピーマンベースのナッティーソース）とチョリソを添える。

「チームで行う」のが八坂の鉄板焼きスタイル。長い鉄板の前にふたりの料理人が立ち、連携して一品を、または複数の料理を仕上げていく。

1	2	3	4

1品ごとに材料をプレゼンテーション。この皿はタコとジャガイモ、オレンジ、ロメスコ、チョリソ…と、スペインテイスト。	高温（220℃）の鉄板に油を引き、タコ、ジャガイモのコンフィを置いて、両面をきれいに色づける。	フォカッチャを鉄板に置き、4面をきれいに色づける。チョリソは中温エリアでふっくらとソテーする。	タコにレモン汁をふり、ソース類、ジャガイモをのせた皿に盛る。オレンジの表皮を削りかけ、パプリカパウダーをふる。

3種のソースは、タコとポテ
トのどちらの風味にもよく合
う。残ったソースはフォカッ
チャにディップして。

駿河湾ラングスティーヌと
ホタテのタルタル

SURUGA Bay langoustine and scallop tartare

約200ｇ大のラングスティーヌを鉄板でベストの状態に焼いて、
その甘みを最大限に引き出す。取り巻くシソ、コリアンダー、塩麹、
かんずり……アジアンな香りと刺激がエビに合い、食欲を誘う。

構成

ラングスティーヌ
塩麹とかんずりのペースト
ホタテのタルタル
ハイビスカスのゼリー
花穂ジソ
コリアンダーオイル

ラングスティーヌのハサミ、脚、触角はカット
して次の皿のブイヤベースのだしに使う。頭付
き（腹部の殻をむく）でプレゼンテーション。頭
も一緒に焼き、ブイヤベースの仕上げに使用。

1

鉄板（220℃）に油を引き、頭を
はずしたラングスティーヌ（塩
はせずに）を背を下にして置く。

2

並行して、縦半分に切った頭を
置き（断面を下に）、上からお
さえながらしっかりと焼いてい
く（火入れ計約3分間）。

3

エビの向きを少しずつ変えなが
ら均等に色づけていく。

4

腹を下にしてターナーで軽くお
さえて焼き上げる（トータル約
1分間）。

5

背に塩麹とかんずりのペースト
をぬる。

6

バーナーで軽くあぶる。

温菜ながら、つけ合わせは冷たいホタテのタルタル。シソやコリアンダーの香りも、エビの甘さをきりっとシャープに引き締めてくれる。

– 06 –

ブイヤベース

Bouillabaisse

シェフが培った南仏料理のエッセンスと日本の魚介が結びついたシグネチャーディッシュ。贅沢に素材を使って洗練された魚介スープをとり、鉄板で焼いたラングスティーヌの頭を加えて、香りをグッと引き立てる。焼きたての魚介と盛り合わせて。

構成

ブイヤベースのスープ
イサキ、キンメダイの切り身
ムール貝の白ワイン煮
ケール（青木農園）
フヌイユのサフラン煮
アイオリ
自家製パン・ド・カンパーニュ

1

前の料理で香ばしく焼いたラングスティーヌの頭にコニャックを少量ふって軽く煮る（左）。右はブイヤベースのスープ。

2

1の頭をブイヤベースのスープに加えて、軽く煮出す。焼きたての香ばしさ、フレッシュな旨みを移す。

3

鍋にムール貝、みじん切りのエシャロット、イタリアンパセリ、白ワインを入れ、蒸す。貝の口が開いたら取り出す。

4

3の煮汁を少し煮詰め、バターを加える。口を開いたムール貝にぬる。

5

高温の鉄板に魚を（皮目を下に）置く。上からおさえて皮をしっかりと焼く。フヌイユのサフラン煮も焼く。

6

皮下のゼラチン質が溶けてきたら低温エリアに移し、ケールをのせてクロッシュをかぶせ約3分間蒸す。

7

クロッシュをはずし、裏返して塩、コショウをふる。**2**のスープの鍋に入れ、味を含ませる。

8

スープを漉し、頭をしっかりと絞って旨みを出す。

9

茶筅で混ぜる。皿に魚、ムール、フヌイユを盛り、スープを流す。ケールをのせる。

「ブイヤベースの主役はスープ」。自
家製パン・ド・カンパーニュ、アイ
オリとともに、南仏料理のだいご味
を堪能してもらう。魚介は旬のもの
を適宜選び、鉄板で半分まで焼いて
からスープで軽く煮ることもある。

– 07 –

お口直し

Riped tomato tartare

完熟トマトのタルタルを、トマトとパイナップル
のシャーベット、新ショウガのピクルスととも
に。酸味のきつすぎないさっぱりとした風味で、
口の中を穏やかにリフレッシュ。

トマトのタルタルは、京都産の完熟トマトの小角切りをザクロの濃
縮エキスと塩で調味したもの。

– 08 –

南仏シストロン産
仔羊の背肉、
葉ニンニクのピュレ

Lamb loin of Sisteron, green garlic purée

南仏シストロンの牧草育ちの仔羊は風味格別。塊
のまま鉄板の上でじっくりと（脂肪を溶かすイ
メージで）、たえずバターをかけながら丁寧に焼
き、肉質の繊細さ、香り高さをシンプル＆最大限
に引き出す。

構成

仔羊背肉…骨2本分
グリーンアスパラガス
葉ニンニクのピュレ
ドライトマト入りのハリッサ
レモン風味のジュ・ダニョー
アンチョビ風味のナッツクランブル

1

仔羊背肉を、脂身を下にして、
中温の鉄板に置き、動かさずに
火を入れる。

2

5分ほどして脂肪がゆるみ、表
面が明るいきつね色になったら
両断面を順に軽く焼き固める。

3

肉を立てて背骨側を、さらにあ
ばらの内側も鉄板におしつけて、
軽く表面を固める。

4

鉄板に置いた銅鍋にバター、ニ
ンニク、タイムを入れる。

5

バターが泡立ったところに**3**を置く。

6

熱いバターを上からかけながら焼いていく。かつ、3〜4分間ごとに下になる面を置き変える。

7

バターをかけることで上面からも熱を伝えつつ、バターの香りをしみ込ませる。

8

弾力で火入れを確認する（鍋に移してから約15分後）。塩、コショウをふる。

9

肉の焼き上がり間際に、アスパラガスを鉄板で転がしながら焼き、仕上げにバーナーで焼き色をつける。

2種のペースト（葉ニンニクのピュレ、ドライトマト入りハリッサ）を薬味にして、味の変化を楽しんでもらう。ソースはレモン風味のジュ・ダニョー。ナッツのクランブルを散らす。

– 09 –

牛のしぐれ煮
だし茶漬け

*Simmerd beef, roasted rice ball
and dashi, "Ochazuke" style*

小さなおにぎりを鉄板で焼き、季節に応じた具材、だ
しでお茶漬けに。

構成

牛のしぐれ煮入り玄米おにぎり
鶏だし
白ネギ、ミョウガ、青ジソ、紅タデ

– 10 –

守破離のグラニテ

Pre-dessert, SHUHARI granité

デザートの前に小さな氷菓を。京都の松本酒造とのコ
ラボレーションによる守破離ID591のグラニテ。トッ
ピングはミントであえた天使音メロン。

– 11 –

ピーチメルバ

Peach Melba

ヴェルヴェーヌ風味の白桃のコンポートを主役に、さ
まざまな温度と食感、味わいを組み立てたピーチメル
バ。香ばしいナッツのガレット、スパイシーなアイス
クリームなど。

構成

白桃のコンポート
ナッツのガレット
バニラ風味の焼きフラン
スパイス風味のバニラアイスクリーム
アーモンドのチュイル
フランボワーズのソース

1

鉄板上のセルクルにナッツのガレット生地を詰め、型をはずして両面をこんがり焼く。

2

焼きフランと白桃のコンポートを鉄板に置き、白桃にカソナードをふってバーナーでカラメリゼする。

3

鉄鍋にフランボワーズ、レモン汁を入れ、キルシュをかけてフランベする。

4

用意したフランボワーズソースを加えてさっと煮る。

桃の土台となるナッツのガレットは、鉄板で焼きやすいよう、少量の生地でヘーゼルナッツのキャラメリゼとナッツのクランブルをつないだもの。

− 12 −

小菓子とお土産

Petit-four

食後のお茶に合わせる小菓子は、柚子のパート・ド・フリュイとダークチョコレートのロシェ。「お土産」は酒粕、ピスタチオ、柚子の3種のカヌレ。楽しいひとときの思い出に。

recipes

日替わり三種のカナッペ
p.068

【鴨肉のパテ・アンクルート】

直径約3cmのロール状に焼いたミニサイズのパテ・アンクルート。コルニション、マスタードをのせる。

【カマスのコンフィのタルティーヌ】

カマスのフィレを塩で締め、低温のオリーブ油で加熱。カットして表面をあぶり、ライ麦パンのトーストにのせる。グリーンペッパー、ピンクペッパー入りのジェノヴェーゼをのせる。

【オマールのケーク・サレ】

オマールの端肉を混ぜて焼いたケーク・サレに、フロマージュブラン（エシャロット酢漬けとシブレットを混ぜる）、マンゴーのタルタルとニンジンの花をのせたもの。

ビーツのローストと
シェーヴルチーズ、
柑橘のヴィネグレット *p.068*

1 ビーツにノイリー・プラットをふりかけてアルミ箔で包み、180℃のオーブンで約1時間焼く。スライスし、柑橘のヴィネグレット（ショウガの極みじん切り、ハチミツ、レモンとライムの果汁と表皮、E.V.オリーブ油）であえる。

2 シェーブルチーズ（牛乳でのばす）を皿にのせ、1を盛る。棒状に切った青リンゴ、柑橘ヴィネグレット、スベリヒユ、フラワー、トリュフを散らす。

じゃがいものパンケーキ、
雲丹、車海老、キャビア *p.069*

【ブリニ生地】（材料を合わせる）

全卵…100g
ゆでたジャガイモの裏漉し…200g
サワークリーム…56g
そば粉…8g　薄力粉…8g
塩…4g　ベーキングパウダー…3g
白ネギ（小角切り）

たこのガリシア風、
ロメスコとチョリソ *p.070*

【タコの下準備】

タコ（2kg）を塩もみして洗う。鍋に水を張り、タコ、昆布1枚、ニンニク2片、タイム4本、ローズマリー2本、塩を入れて火にかけ、沸騰したら弱火にして45分間ゆでる。汁の中でそのまま冷ます。ひと口大に切る。

【ジャガイモのコンフィ】

ジャガイモ（メークイン）をニンニク、タイム、オリーブ油とともに真空パック。90℃で約1時間湯煎する。シリンダーで抜き、厚さ約1cmに切る。

【ロメスコソース】

トマト（½に切る）…2個
赤パプリカ（½に切る）…1個
a｜玉ネギ、ニンジン、ショウガ
　　…各10g
スモークパプリカパウダー…3g
b｜シェリーヴィネガー…2g
　｜アーモンドパウダー…10g
　｜E.V.オリーブ油…適量
ニンニク（すりおろし）…適量
ライム…適量

1 トマト、パプリカを180℃のオーブンで約15分間焼く。トマトは裏漉しし、パプリカは細かく切る。

2 鍋でaを色づけずにソテーし、パプリカパウダーを加えて2〜3分間ソテーする。1を加え、水分がなくなるまで弱火で煮詰める。bを加えてミキサーで回す。提供直前にニンニク、ライムの表皮（削る）と汁、塩で調味する。

【チョリソクリーム】

チョリソ（薄切り）と玉ネギを弱火でよく炒め、生クリームをひたひたに加えて1時間煮詰め、ミキサーにかける。

【サルサヴェルデ】

ハーブ（イタリアンパセリ、セルフィユ、エストラゴン、シブレットなど）、レモンの表皮、E.V.オリーブ油をミキサーにかけ、塩で調味する。

駿河湾ラングスティーヌと
ホタテのタルタル *p.072*

【塩麹とかんずりのペースト】

塩麹、かんずり、ニンニク（すりおろし）、E.V.オリーブ油、レモン汁を合わせる。

【ハイビスカスのゼリー】

a｜シャンパンヴィネガー…500g
　｜水…80g
グラニュー糖…80g
b｜赤ジソ…300g
　｜ハイビスカス（ドライ）…15g
アガー、板ゼラチン

1 aを合わせて沸騰させ、グラニュー糖を溶かす。火を止めてbを加え、蓋をして蒸らす。味と香りが移ったら漉す。

2 1のベース125gに対して、アガー2g、板ゼラチン9gを加えて溶かす。バットなどに薄く流して冷やし固める。提供時にセルクルで円形に抜く。

【ホタテのタルタル】

ホタテ貝柱をさっとゆでて氷水にとり、小角切りにする。夏野菜の小角切り（ゆでた枝豆、ラディッシュ、キュウリ）と合わせ、塩麹のヴィネグレット（塩麹、柑橘の汁と表皮、E.V.オリーブ油）であえる。セルクルを使って皿に盛り、ハイビスカスのゼリーをのせて、花穂ジソを飾る。

【コリアンダーオイル】

E.V.オリーブ油…1L
コリアンダーの葉

油の半量を氷の上で冷やす。残り半量は120℃に温めてコリアンダーを入れる。軽く火が通ったら冷やした油を足し、ミキサーにかける。2日間冷暗所に置く。

ブイヤベース *p.074*

【ブイヤベースのスープ】

磯魚各種…4kg
オマールブルーの頭…10尾分
コニャック…750ml
白ワイン…3L

a | ニンジン（角切り）…90g
　 | 玉ネギ（角切り）…90g
　 | セロリ（角切り）…90g
　 | フヌイユ（角切り）…90g

完熟トマト（角切り）…3kg
トマトペースト…100g

b | スターアニス…10個
　 | アニスシード…大さじ1
　 | コリアンダーシード…大さじ1
　 | エストラゴン…3パック
　 | ローリエ…6枚　タイム…10本

1 磯魚各種のぶつ切りをオーブンで軽く
　色づくまで焼く。

2 大鍋に油を引いてオマールの頭を焼き、
　細かくつぶす。底にスュック（汁の焼
　きつき）ができるまで中火で炒める。
　コニャックを3回に分けて加えながら
　煮詰める。1を合わせる。白ワインも
　同様に複数回に分けて加えて煮る。

3 別鍋にaを炒めておく。トマトを加え
　てさらに軽く炒める。

4 2に3、トマトペーストを加え、必要
　ならミネラルウォーターをひたひたに
　加え、強火で煮立たせる。アクを丁寧
　に除き、落ち着いたら弱火にして、b
　を加え40分間煮る。

5 火を止め、30分間静置後、ムーラン
　ですりつぶしながら漉す。目の細かい
　シノワに通す。

【フェンネルのサフラン煮】

フェンネルをひと口大に切る。サフラ
ン、フェンネルシード、野菜（フェン
ネル）のブイヨンとともに真空パック
し、96℃のスチームコンベクション
オーブンで20分間加熱する。

【アイオリ】

卵黄、オリーブ油でマヨネーズをつく
り、ニンニクのすりおろし、レモン汁
を加えて味をととのえる。

南仏シストロン産
仔羊の背肉、
葉ニンニクのピュレ *p.076*

【葉ニンニクのピュレ】

葉ニンニク（100g）ををごく少量の水
で蒸し煮にし、熱いうちに少量のバ
ターとともにミキサーにかけてピュレ
にする。

【ドライトマト入りのハリッサ】
（材料を合わせる）

セミドライトマト（包丁で叩く）
　…20g
ハリッサ…大さじ1

【アンチョビ風のナッツクランブル】

a | ヘーゼルナッツ（ロースト）…30g
　 | アーモンド（ロースト）…30g

パン粉（から焼き）…20g
バター…40g
アンチョビペースト…大さじ1
タプナード*…20g
レモン表皮（削る）…1個

*黒オリーブ、ケイパー、アンチョビ、
オリーブ油をミキサーで合わせたペー
スト。

【レモン風味のジュ・ダニョー】

ジュ・ダニョー…50ml
砂糖…大さじ1
レモン汁…適量
バター…適量

小鍋に砂糖とレモン汁を入れてガスト
リックをつくる。ジュ・ダニョーを加
えて軽く煮詰め、仕上げにバターを加
え混ぜてつやをつける。塩、コショウ
で味をととのえる。

ピーチメルバ *p.078*

【ナッツのガレットの生地】

薄力粉…200g
ベーキングパウダー…8g

a | グラニュー糖…15g
　 | 全卵…50g
　 | アカシアのハチミツ…8g
　 | 牛乳…200g（＋浄水）

b | 発酵バター…400g
　 | カソナード…400g
　 | カマルグの塩…7.5g
　 | アーモンドパウダー…450g
　 | 薄力粉…425g

ヘーゼルナッツのキャラメリゼ

1 粉類（ふるって合わせる）にa（混ぜ合
　わせる）を加え、約1時間寝かせる。

2 bを混ぜてそぼろ状にする。160℃の
　オーブンで焼く。

3 焼く直前に1を30g、2を40g、ヘー
　ゼルナッツのキャラメリゼを30g合
　わせ、セルクルに詰める。

【バニラ風味の焼きフラン】

a | 牛乳…180g　全卵…48g
　 | グラニュー糖…40g
　 | プードル・ア・ラ・クレーム…20g
　 | コーンスターチ…4g

バター…20g
キルシュ…20g

aでカスタードを炊く。バター、キル
シュを加え、漉す。直径50mmのセル
クルに35g詰めて、180℃のオーブン
で18〜20分間焼く。

【白桃のコンポート】

白桃（皮をむく）

a | 白ワイン…500g　浄水…500g
　 | グラニュー糖…150g
　 | トレハロース…50g
　 | レモン果汁…15g

フレッシュヴェルヴェーヌ…2g

aでシロップをつくり、ヴェルヴェー
ヌの香りを移し、漉して冷やす。白桃
とともに真空パックし、80℃で加熱
する（かたさによってはマリネのみ）。

芦屋ベイコート倶楽部
ホテル＆スパリゾート「時宜 鉄板焼」
Ashiya Baycourt Club Hotel & Spa Resort "Zigi Teppanyaki"

兵庫・芦屋

月替わりで新しいストーリーを組み立て、
高頻度ユーザーの期待に応える

全国にリゾートホテルを展開するリゾートトラスト（株）。ベイコート倶楽部をはじめ、エクシブ、ザ・カハラ・ホテル＆リゾートなどのブランドをもち、多くの鉄板焼きレストラン施設を有するが、なかでも筆頭の人気を誇るのが、芦屋ベイコート倶楽部ホテル＆スパリゾートだ。高級住宅地のおひざ元のマリーナベイに立地する、豪華客船を模した全室スイートルームの完全会員制ホテルである。

鉄板焼きを提供するのは、「日本料理 時宜」内にある二つのカウンター16席。ベーシックコースは1万4,300円から4コースあるが、常連客に人気があるのは、祝いの席向けの3万9,600円と、毎月異なるテーマを掲げた「ターブル・ド・シェフ」5万5,000円だ。ターブル・ド・シェフは年間カレンダーを提示しており、例えば「7月／夏の味覚と世界三大珍味（トリュフ・フォワグラ・キャビア）」、「9月／秋の味覚と日本三大和牛（神戸・松阪・近江）」と豪華絢爛。さらに10月は1日1組限定11万円の特別版で、シェフの小椋大助さんがつききりで腕をふるう。予約は10月分から埋まるそうだ。

「国内外で美食に食べ慣れた富裕層に感動を与えるには、最上級の食材入手はむろん、常に調理とサービスの革新を追求すること」だと小椋さんは言う。低温調理、炭火、鉄板の三段階で火入れする"OGURA"ステーキや、魚介の鉄板焼きをブイヤベース仕立てにするなど、フランス料理の技法を取り入れるのもその一つ。また、氷彫刻全国大会優勝の腕前を生かして氷彫刻でデザートを演出し、OHPフィルムに絵を描いて下皿に敷き、帰りにプレゼントするなど料理以外の演出にも心を砕く。

なお同社では、日頃より各店の若手スタッフの所作指導や、社内の鉄板焼きコンクールなど鉄板焼きのクオリティを高める仕組みを構築している。

兵庫県芦屋市海洋町14-1
0797-25-2222（代）
baycourt.jp/ashiya

今月のターブル・ド・シェフ「フランス郷土料理と神戸ビーフ」
Chef's table "French local cuisine & KOBE beef"

- *01* -

"幻のキャビア"、アコウと野菜プレート、
シャンパンソース

Almas caviar, vegetables plate
& halibut fish, champagne sauce

- *02* -

フォワグラのポワレ、
びっくりトリュフ

Pan-fried foie gras with surprise truffle

- *03* -

ブッフ・ブルギニョン、
オスピスドボーヌの香り

"Bœuf bourguignon" flavoured
Hospices de Beaune

- *04* -

ブイヤベース、
瀬戸内の海産物

"Bouillabaisse"
-seafood from SETOUCHI Sea-

- *05* -

活オマールブルーの鉄板焼、
アルモリケーヌ

Blue lobster TEPPANYAKI
with armorican sauce

- *06* -

メレンゲのグラニテ

Meringue granite

- *07* -

ホワイト六片のチップと
甘ダレにんにく

Garlic chips, garlic confit
with balsamic sauce

- *08* -

"神戸ビーフ最優秀賞牛"フィレの鉄板焼と
サーロインのOGURAステーキ

KOBE beef 2 style: fillet TEPPANYAKI,
sirloin "Ogura Steak"

- *09* -

カタラン風パエリア

Paella Catalane

- *10* -

クレープ・ア・マ・ファソン

Crêpe, à ma façon

調理／小椋大助
京都府出身。ホテル日航大阪を経て、ホテルグランヴィア京都のフレンチやイタリアン、「鉄板焼 五山望」の料理長を歴任。フランス・コニャック地方「レストラン・ミュコー」の料理長を務める。2018年、「時宜 鉄板焼」シェフに就任。(一社)日本鉄板焼協会認定師範。

プレゼンテーション
Presentation

特製プレートにこの日の使用素材を並べて披露。地元神戸ビーフの"最優秀賞牛"、眼前の瀬戸内海の新鮮魚介のほか、キャビア、トリュフ、フォワグラとザ王道のご馳走素材尽くしだ。LEDで7色に変化するライトアップとドライアイスの演出で、これからはじまる美食の旅への期待を高めてもらう。

低温調理したアコウ（キジハタ）は淡白ながら旨みもしっかり。アルマスキャビアの強く、深い旨みを受け止めてくれる。

– 01 –
"幻のキャビア"
アコウと野菜プレート、
シャンパンソース

Almas caviar, vegetables plate & halibut fish, champagne sauce

黄金に輝くアルマスキャビアはとりわけ貴重な希少種。どこまでも高貴なその旨みをスターターにして、気分を大いに上げてもらう。まずはそのままひと口、つぎにアコウとともに、さらにアコウ＋野菜＋シャンパンソースで。

構 成
アルマスキャビア
アコウ（キジハタ）
野菜のプレート
シャンパンソース

フォワグラのポワレ、
びっくりトリュフ

Pan-fried foie gras with surprise truffle

あらかじめ低温調理で火入れをしておき、鉄板上で表面を色づけ、網とクロッシュを使って軽く蒸らして、芯まで温める。つけ合わせの「びっくりトリュフ」をコツンと割ると、中からソース・ペリグーが流れ出すという趣向。

構 成

フォワグラのポワレ
びっくりトリュフ
イチジクのピュレ
パンデピス
アマランサス

イチジクのピュレとパンデピスを皿にのせ、焼いたフォワグラを盛る。熱々のびっくりトリュフ、アマランサスを添える。

ブッフ・ブルギニョン、
オスピスドボーヌの香り

"Bœuf bourgignon" flavoured
Hospices de Beaune

ブルゴーニュ地方の郷土料理「牛肉の赤ワイン煮込み」を牛タンで。ホテルが直接買い付けた銘醸ワインを贅沢に使い、6時間かけてやわらかく仕上げている。コース前半から赤ワインを楽しめる、香り高く、やさしい舌触りの肉料理。

構 成

牛タンの煮込み
オスピス・ド・ボーヌのソース
ジャガイモのピュレ
リーフサラダ

鉄板上で牛タン、ジャガイモ、ソースの鍋を温め、客前で皿に盛る。エスペレット唐辛子粉をかけて香りのアクセントに。

– 04 –

ブイヤベース、瀬戸内の海産物

"Bouillabaisse" – seafood from SETOUCHI Sea –

新鮮な瀬戸内の魚介をそれぞれ鉄板で焼き、ブイヤベースの
スープでさっと煮合わせる。魚介ごとの焼き方、処理のおも
しろさが見せ場。03の料理を提供したらすぐに調理をはじ
め、料理を味わいながら目は鉄板劇場を楽しんでもらう。

構 成

カサゴ	活アワビ
ホウボウ	フカヒレ（下煮済）
明石ダイ	ブイヤベースのスープ
明石ダコ	フォカッチャチップ
大アサリ	ハーブのサラダ

各仕上がりをバランスよく盛り、アイオリをぬった
フォカッチャとハーブを添える。

1

鉄板に網を置いてアワビをのせ、
少量の水を注ぎ、クロッシュを
かぶせて約30秒間蒸らす。身
を殻からはずす。

6

ニンニクオイルを足し、焼いて
いく。途中、一度ひっくり返す。
半分にカットして取り出す。

11

カサゴとホウボウも同様に最初
はプレスしてから焼く。

2

肝を下にして鉄板（200℃）に置く。はずした殻を、すぐにかぶせる。

3

肝を焼きながら、身を蒸している状態（約30秒間）。

4

かぶせた殻をはずし、焼きながらナイフでキモを切りはずし、身もキモも細かく切り分け、取り出す。

5

アサリ（口を開けておく）とバターを鉄板に置く。殻から身を取り出し、溶けたバターの上にのせる。

7

ニンニクオイルを引き、生ダコの足を置いて焼く。軽く色づいたら（約40秒）裏返してさっと焼き、4等分する。

8

フカヒレを鉄板に置き、焼き色がついたらひっくり返し、さらに焼いて、半分にカットする。

9

タイは皮目を下にして置き、2分半ほど焼く（皮が反らないよう最初はミートプレスをのせ、途中ではずす）、皮をはがす。

10

身は皮下面をさらに1分間焼き、裏返す。4等分に切って取り出す。皮は裏返し、油を少量かけ、低温エリアでじっくり焼く。

12

皮目が香ばしく焼けたら裏返し、身を軽く焼く。

13

皮目を下に置き換えて4等分する。この段階での火入れは若め（魚介すべて共通、スープで煮るので）。

14

魚介に下味の塩をふる。スープを入れた鍋を温め、アワビの殻、魚、貝を入れる。表面にアワビをのせる。

15

スープが熱くなったら殻を取り出し、タコ、フカヒレを加える。蓋をしてひと煮立ちしたら提供する。

– 05 –

活オマールブルーの
鉄板焼、アルモリケーヌ

Blue lobster TEPPANYAKI with armorican sauce

オマールの尾部を鉄板焼きに、頭部と腕は炭火でミソを燻しながら焼き、爪はゆでてベニエに。部位別に調理し、仕上がりのタイミングを合わせ、それぞれのおいしさを最大に引き出す。ブルターニュ伝統のソース・アルモリケーヌ（アメリケーヌ）を添える。

構成

活オマール（ブルターニュ産）
　の鉄板焼き、炭火焼き、
　ベニエ
ソース・アルモリケーヌ
マイクロハーブのサラダ
赤ワイン塩

爪は調理場でベニエに。尾と半割の頭は鉄板上で軽く蒸し、尾は殻をむいてバター焼きに。頭はゆでた腕肉をのせてE.V.オリーブ油をかけ、蓋つきの炭鍋で1分半スモーク。

– 06 –

メレンゲのグラニテ

Meringue granite

鮨の「がり」をイメージしてつくった口直しのグラニテ。ショウガは不使用なのにショウガのフレーバーがするのが特徴で、神戸ビーフをおいしく味わうためのスペシャリテ。

焼いたメレンゲを粉砕してハーブウォーターと合わせて凍らせ、パコジェットにかけて氷菓に。削ったレモン表皮を散らす。

1

ニンニクのスライス（水でさらしてペーパーで水気をきる）を150〜160℃の鉄板に置く。

2

ニンニクの3倍量の紅花油を加え、ヘラで混ぜながらゆっくりと炒める。

ホワイト六片のチップと甘ダレにんにく

Garlic chips, garlic confit with balsamic sauce

メインの肉の直前に提供するガーリックチップは、実際にはコース冒頭、鉄板の温度がまだ低いうちにつくる。ニンニクが色づく前に半分取り分け、甘いタレをかけて、もう一品のおつまみに。

3

しんなりしたら半量を小鍋に取り置く。この後 **5** できった油の半量を注ぎ、鉄板の端で5分ほど煮て甘ダレをからめる。

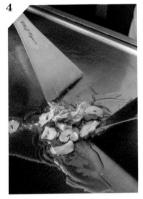

4

残りの半量はさらに炒めてこんがりと色づけていく。

来店時に、ニンニクに対する好みを聞いてつくる量を加減。コース冒頭から食べたいとの要望にも応え、足りなければ新たにつくる。

5

完全に色づく前にザルにあげる（余熱で火が入るので）。塩をふる。

"神戸ビーフ最優秀賞牛" フィレの鉄板焼と サーロインのOGURAステーキ

KOBE beef 2 style: fillet TEPPANYAKI, sirloin "Ogura Steak"

フィレは丁寧に鉄板焼きして、しっとりと。サーロインは事前に44℃で20分間低温調理しておき、客前で炭火であぶって香ばしく。ふたつの調理法によって部位の特性を強調しながら、和牛最高峰の旨みと香りと舌触りを満喫してもらう。

1

フィレ（厚さ2.5cm）の両面に軽く塩、コショウをふり、少量のニンニクオイルを引いた鉄板（210〜220℃）に置く。

2

1分半〜2分間でひっくり返し、反対の面も同じ時間焼き、均等に火入れする。

3

サーロイン（厚さ3cm）に串を刺し、両面に軽く塩、コショウをふる。**2**で裏返す時に炭鍋に置き、蓋をして30秒間いぶす。

4

蓋を開け、肉を裏返す。再び蓋をして30秒いぶす。串をはずす。

5

両方の肉を網にのせ、サーロインは串を抜く。

6

クロッシュをかぶせ、鉄板の低温エリアで休ませる。時間は焼き加減に応じて調整するが、2〜3分間程度。

7

食パンの薄切りを円形に抜いたものを皿に置く。ビランソルト、八つ割黒コショウ、オニオンスライスを添える。

8

どちらの肉も鉄板の高温エリアに一瞬置いて熱をつけてから低温エリアにもどして切り分ける。パンの上に盛る。

構成

神戸ビーフフィレ肉…40 g

神戸ビーフサーロイン…40 g

ビランソルト

八つ割黒コショウ

オニオンスライス

食パンと長イモのサンド

薬味各種

フィレ、サーロインを皿に盛り合わせる。別添えの薬味は、ポン酢、ワサビ、ニンニク醤油、青唐辛子味噌。

9

肉の召し上がり後、肉汁を吸ったパンを戻して鉄板で焼く。長イモとゴマソースを挟んで折る。

肉に敷いたパンを焼くのは鉄板焼きの定番。肉汁の香りを長イモのサクサク感とともに。

— 09 —

カタラン風パエリア

Paella Catalane

フレンチ・カタランをイメージして、カマルグ米とカマルグ塩でつくる石鍋パエリア。一部のご飯を取り分け、鉄板上でお焦げのガレットに。①そのままで、②薬味を入れて、③ガーリックチップを加えてお茶漬けに、④お好みの食べ方で……とすすめる。

構 成

パエリア
お焦げのガレット
茶漬けだし
薬味とガーリックチップ

薬味はシブレット、スダチ、いくらの塩漬けとガーリックチップ。ガーリックチップは、ぶぶあられのイメージ。

— 10 —

クレープ・ア・マ・ファソン

Crêpe, à ma façon

目の前でクレープを焼き、その場でケーキの姿に組み立てる。食べる人がフィルムを持ち上げてはずすと、ふわふわのムースが流れ出してドーム状になる仕掛け。

構 成

イチゴとバナナのクレープ
イチゴのエスプーマ
フロマージュブランのエス
　プーマ
カスタードクリーム
チョコレートソース
イチゴのチップとパウダー
ミント
金箔

クレープ生地は鉄板上に置いたクレープパンで焼き上げる。ボリューミーに見えるがふわふわのムースで軽やか。

"幻のキャビア"、アコウと野菜プレート、シャンパンソース *p.084*

【アコウと野菜プレート】

アコウ（キジハタ）
根菜類（紅芯大根、黄と紫ニンジン、
　　マーブルビーツなど）
リーフ類、食用花、ディルの花
シェリーヴィネグレット
カラマンシーヴィネグレット

1 アコウをおろしてひと口大のスライス
　にし、軽く塩をふり、真空パックする。
　52℃の湯煎で8分間加熱する。

2 根菜のスライスをシェリーヴィネグ
　レットで、リーフ類はカラマンシー風
　味のヴィネグレットであえる。

3 いろどりよく皿に盛る。

【シャンパンソース】

エシャロット（みじん切り）…150g
a｜シャンパン…500ml
　｜ローリエ…1枚
　｜タイム…1本
フュメ・ド・ポワソン…500ml
生クリーム（乳脂肪分38%）…1L
バター、レモン汁

エシャロットに塩をふり、バターで炒
める。aを加えて煮詰め、フュメ・
ド・ポワソンを加えてさらに煮詰める。
生クリーム、バターを加えて煮詰め、
レモン汁で味をととのえる。

フォワグラのポワレ、びっくりトリュフ *p.085*

【フォワグラの下準備】

フォワグラ…1kg
a｜塩…10g
　｜コショウ…2g
　｜グラニュー糖…2g
　｜白ポルト酒…60ml
　｜コニャック…30ml

フォワグラをaとともに真空パックし、
44℃の湯煎で15分間加熱する。

【ソース・ペリグー】

a｜ルビーポルト酒…300ml
　｜マデイラ酒…200ml
トリュフ（みじん切り）…30g
コニャック…50ml
煮詰めたフォン・ド・ヴォー
　…600ml
バター…適量
塩、コショウ

1 aを⅓量に煮詰める。

2 トリュフをバターで炒め、コニャックを
　加える。さらに1、フォン・ド・ヴォー
　を加えて煮詰め、バターを加え混ぜてつ
　やをつける。

【びっくりトリュフ】

ソース・ペリグー
鶏のムース（胸肉、卵白、塩）
　a｜薄力粉、全卵、トリュフパン粉

1 トリュフ型のシリコンパッドにソー
　ス・ペリグーを流し入れ、冷凍する。

2 型からはずし、鶏のムースを薄くぬり
　かぶせ、冷凍する。

3 aを順にまぶして180℃の油で揚げる。
　提供時に130℃のオーブンで10分間加
　熱する。

【イチジクのピュレ】

イチジクをバターでソテーしミキサー
にかけて裏漉しする。

ブッフ・ブルギニョン、オスピスドボーヌの香り *p.085*

【牛タンの煮込み】

牛タン
a｜赤ワイン
　｜（オスピス・ド・ボーヌ）…1.5L
　｜玉ネギ、ニンジン、セロリ、
　｜ニンニク、タイム、ローリエ
　｜　…各適量
フォン・ド・ヴォー…2L
薄力粉、塩、コショウ

1 牛タンに重量の0.9%の塩をすり込む。
　aとともに真空パックして、ひと晩漬
　ける。

2 牛タンを取り出し、薄力粉をまぶし、
　フライパンで焼き色をつける。

3 1の残りの材料を火にかけてアルコー
　ルを飛ばし、フォン・ド・ヴォーを加
　える。2を加え、90℃のスチームコン
　ベクションオーブンで6時間加熱する。

4 牛タンを取り出し、煮汁は漉して味を
　ととのえる。牛タンをもどし、ひと晩
　休ませる。

【ソース・オスピス・ド・ボーヌ】

赤ワイン（オスピス・ド・ボーヌ）
　…500ml
赤ワインヴィネガー…50ml
a｜ルビーポルト酒…200ml
　｜マデイラ酒…100ml
牛タン煮汁…500ml
塩、コショウ

1 赤ワインヴィネガーを水分がなくなる
　まで煮詰め、aを加えて⅓量に煮詰め、
　さらに赤ワインを加え、⅓量に煮詰め
　る。

2 牛タンの煮汁を300mlまで煮詰め、1
　と合わせてさらに煮詰めて味をととの
　える。

【ジャガイモのピュレ】

ジャガイモをゆでて粉吹きにし、裏漉
しする。牛乳とバターを加え混ぜ、塩、
コショウで味をととのえる。

ブイヤベース、瀬戸内の海産物 *p.086*

【フカヒレの下準備】

フカヒレ（もどしたもの）は臭み抜きのために蒸したのち、酒、ショウガ、長ネギとともに煮る。

【ブイヤベースのスープ】

魚のアラ…1kg
ニンニク…3片
a 玉ネギ（小角切り）…1個
　 ニンジン（小角切り）…½本
　 セロリ（小角切り）…2枝
　 フヌイユ（小角切り）…½株
b トマト…2個
　 ホールトマト（缶）…200g
　 ローリエ…2枚
　 タイム…2本
　 白ワイン…300ml
　 パスティス…100ml
アメリケーヌ2番…2L
サフラン…適量
E.V.オリーブ油

1 魚のアラをオーブンで（200℃15分間＋130℃30分間）、乾燥させる。

2 大鍋にオリーブ油とニンニクを熱し、aを加えて炒める。香りが出たら1とb、アメリケーヌ2番を加え、強火で一気に沸かす。アクを除き、弱火で15分程度煮て、シノワで漉す。

3 2を半量まで煮詰める。サフラン、塩、コショウ、E.V.オリーブ油で味をととのえる。裏漉しする。

【フォカッチャチップ】

牛乳でゆでたニンニク、卵黄、マスタード、白ワインヴィネガー、E.V.オリーブ油を高速ミキサーで撹拌し、アイオリを作る。これをトーストしたフォカッチャのスライスにぬる。

活オマールブルーの鉄板焼、アルモリケーヌ *p.088*

【ソース・アルモリケーヌ】

オマールブルー（ぶつ切り）…2kg
ニンニク…2片
コニャック…50ml
a 玉ネギ（角切り）…½個
　 ニンジン（角切り）…⅓本
　 セロリ（角切り）…1枝
トマトペースト…50ml
白ワイン…100ml
b ローリエ、エストラゴン、タイム
　 トマト（きざむ）…1個
　 水…2L
オリーブ油

1 ニンニクを炒めて香りを移したオリーブ油で、オマールを炒める。

2 鍋底が色づいてきたらコニャックでフランベする。aを加えさらに炒め、トマトペーストを加えて混ぜる。白ワインを加えて鍋底にこびりついた旨み成分を溶かし、bを加えて約20分間煮る。

3 シノワで漉し、味をととのえながら煮詰める。

【オマールの爪】

オマールブルーの爪
a 卵黄…2個
　 薄力粉…100g
　 炭酸水…100ml
　 サラダ油…15ml
　 塩…少量
b 卵白…2個分
　 塩…少量
エストラゴン、セルフイユ

1 aを合わせ、冷蔵庫で30分間休ませる。bを泡立て、先の生地と合わせ、きざんだハーブを加える。

2 ゆでたオマールの爪に1をつけて油で揚げる。

メレンゲのグラニテ *p.088*

【グラニテ】

a 卵白…400g
　 グラニュー糖…800g
ラム酒…適量
b 水…2L
　 ローズマリー…2枝
　 ミント…8枚
　 レモングラス…4枚

1 aでメレンゲをつくり、ラム酒を加え混ぜる。シリコンパットに広げ、140℃のオーブンで40〜60分間焼く。フードプロセッサーで粉末にする。

2 bでハーブティーを淹れ、10分間おいて紙で漉し、冷ます。

3 1と2をパコジェットのビーカーで合わせて冷凍し、マシンにかける。

ホワイト六片のチップと甘ダレにんにく *p.089*

【甘ダレ】

みりん…400ml
砂糖…50g
たまり醤油 200ml
こいくち醤油…50ml
ニンニク（スライス）…150g
バルサミコ酢…10ml
昆布…20cm角1枚

みりんを煮切り、ほかの材料と合わせ、極弱火で3時間煮る。昆布を取り除き、高速ミキサーにかけ、冷ます。冷蔵庫で一晩以上ねかせ、味をなじませる。

"神戸ビーフ最優秀賞牛" フィレの鉄板焼とサーロインのOGURAステーキ *p.090*

【ポン酢】

醬油…1L
みりん…300ml
柑橘果汁（柚子2：カボス1：スダチ1）
…200ml
削り節… 3つかみ
昆布…15g
醸造酢…200ml

【ニンニク醬油】

こいくち醤油…1.5L
みりん（煮切る）…360ml
にんにく（スライス）…100g
玉ネギ（スライス）…100g
ジュ・ド・ブッフ…1L

【青唐辛子味噌】

a | 米味噌（赤）…100g
　 | 砂糖…20g
　 | 長ネギ（焼いてみじん切り）…5g
　 | 青唐辛子（みじん切り）…5g
　 | 削り節…ひとつかみ
　 | 白ゴマ…5g
b | 大根、キュウリ、シメジ、
　 | ワラビ、ショウガ（塩漬け）
　 | 　…各5g
　 | 唐辛子…5g
　 | 米味噌（白）…100g
　 | 砂糖…10g
　 | 醤油…30ml
　 | 酒粕…10g
　 | 塩…3g

aを合わせたものとbでつくった南蛮もろ味噌を10対3の比率で合わせる。

【ゴマソース】

白ゴマペースト…100g
こいくち醤油…75ml
きび砂糖…5g
神戸ビーフのブイヨン…20ml

カタラン風パエリア *p.092*

【パエリア】

ムール貝…4個
a | エシャロット（みじん切り）…5g
　 | 白ワイン…5ml
　 | 貝のブイヨン…5ml
b | 玉ネギ（みじん切り）…35g
　 | ニンニク（みじん切り）…9g
豚肩ロース（1cm角）…100g
鶏モモ肉（1cm角）…50g
チョリソ（1cm角）…30g
ヤリイカ（輪切り）…200g
c | トマト…50g
　 | エスペレット唐辛子粉…適量
　 | パプリカ（赤・黄・緑／棒切り）
　 | 　…各⅓個
足赤エビ…4尾
d | 白ワイン…75ml
　 | ローリエ…½枚
e | カマルグ塩…少量
　 | サフラン…適量
　 | フォン・ド・ヴォライユ…250ml
カマルグ米…200g
ワタリガニ（蒸したほぐし身）…1はい
グリーンピース（ゆでる）

1 ムール貝をaで加熱する。殻が開いたら取り出す。bを炒め、豚肩ロース、鶏モモ肉、チョリソ、ヤリイカを加えて塩、コショウする。cを加えてさらに炒め、パプリカはいったん取り出す。

2 足赤エビとdを加えてアルコールを飛ばし、eと1の汁を加える。煮立ったら魚介を取り出す。

3 米を加えて強火で5分ほど炊き、弱火に落として12分ほどで炊き上げる。ワタリガニを加え混ぜる。

4 230℃に熱した石鍋に3を入れ、ムール貝、2の魚介と1のパプリカ、グリーンピースを盛る。

【茶漬けだし】

白だし…600ml
塩…少量
みりん…適量
うすくち醤油…適量

クレープ・ア・マ・ファソン *p.092*

【クレープ生地】

a | 全卵…2個
　 | 上白糖…35g
薄力粉…75g
牛乳…250ml
バター…15g

1 aをすり混ぜ、薄力粉、牛乳の順に加え混ぜる。

2 バターを熱して焦がし、1に加え混ぜ、30分間休ませる。

3 フライパンにバター（分量外）を溶かし、2を薄く流して両面を焼く。

【組み立て】（つくり方略）

クレープ生地
a | イチゴのカット
　 | バナナのカット
b | カスタードクリーム
　 | チョコレートソース
c | イチゴのエスプーマ
　 | フロマージュブランのエスプーマ
d | イチゴチップ
　 | イチゴパウダー
ミント
金箔

1 ボンブ型にクレープ生地を敷き、aとbを詰め、折りたたんで半球状にする。

2 1を皿に盛り、筒形に丸めたフィルムをかぶせる。

3 内部にcを順に絞り入れ、dをのせて、ミント、金箔を飾る。

琥 千房 虎ノ門
Kohaku Chibo Toranomon

東京・虎ノ門

食の多様性に対応、
植物由来の食材で構成するコース

豊臣秀吉の馬印である千成びょうたんにその名をあやかったというお好み焼き店「千房」。1973年に大阪・千日前で開業し、今や加盟店を含め国内外に77店舗を展開する一大チェーン店だ。

元祖の「ベーシックスタイル」、創作鉄板料理の豊富な「エレガンス」、高級ステーキハウスの「ぷれじでんと」の3ラインがあり、2020年にオープンした虎ノ門ヒルズビジネスタワーに入る「琥 千房 虎ノ門」は、ぷれじでんとのフラッグシップ店。逆L字型の鉄板カウンター8席と半円型鉄板の個室6席で、クールなモノトーンでまとめられている。

ディナー3コースのうち、とくに目を引くのが真ん中の価格の、玻璃1万8,500円。鉄板焼き店にはまだ珍しいベジタリアンコースだ。野菜はすべて有機野菜を使用し、乳製品は豆乳やヴィーガンチーズに置き換え、卵は不使用。鉄板で焼いたり蒸したりする料理と、厨房で仕込んで仕上げを客席で見せる冷製のムースなどを織り混ぜる。千房に欠かせないお好み焼きは、卵なしでいかに本来の食感に近づけるかを試行錯誤し、大豆と山イモのパウダーを使用。それが看板の「ベジタブル焼」だ。「同じ鉄板で肉も焼くので、宗教上の厳格なニーズ対応はむずかしいですが、ゆるやかなベジタリアンや、肉も好きだけど今日はこっちにするといったリピーターに好評です」と、店長の原敬規さん。新型コロナウイルス収束後、インバウンドの需要を期待している。

同社でベジタブル焼を提供しているのは琥だけだが、冷凍食品部門があり、グルテンフリーのお好み焼きを通信販売している。また、マルコメとコラボレートし、大豆粉と糀甘酒を使用したフルーツお好み焼きを台湾で販売するなど、健康志向の市場に向けた商品開発に力を入れている。鉄板焼き＝肉、粉もの＝コテコテとは限らない時代になってきた。

東京都港区虎ノ門1-17-1
虎ノ門ヒルズ ビジネスタワー3F
03-6457-9740
www.chibo.com

玻璃コース for Vegetarian
Vegetarian course

– 01 –

トマトソルベ
赤パプリカの冷製スープ仕立て
Tomato sorbet with cold red-bell-pepper soup

– 02 –

目の前で仕上げる有機野菜パレット
Assorted organic vegetables

– 03 –

季節の有機野菜の燻製
Light smoked seosonal vegetables

– 04 –

ベジタブル琥パフェ
Vegetable parfait-style

– 05 –

有機野菜の2色スープ
Organic vegetable soup

– 06 –

じゃが芋とトマトのマリアージュ
Pâte-brick: potato and tomato

– 07 –

八朔のグラニテ
HASSAKU orange granita

– 08 –

季節野菜のカルタファタ包み
Carta-fata: organic vegetables

– 09 –

ベジタブル焼
Vegetable OKONOMIYAKI

– 10 –

マンゴープリン
Mango pudding

– 11 –

イチジクのキャラメリゼ
Caramerised figs

– 12 –

小菓子
Tea cakes

調理／原 敬規

広島県出身。東京の日本料理店を経て、2005年に千房（株）に入社。
大阪の3店舗で経験を積み、東京の広尾と恵比寿店で店長を務め
る。'20年6月、現店舗の開業時より店長に就任。

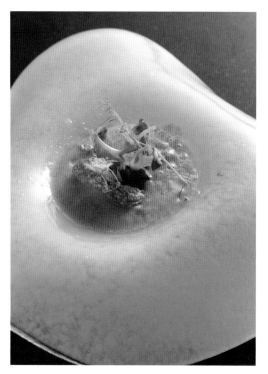

シャリシャリした氷トマトを混ぜながら食べるとスープの味
が変化する。クルトン替わりのトマトチップを添えて。

– 01 –

トマトのソルベ
赤パプリカの
冷製スープ仕立て

Tomato sorbet with cold red-bell-pepper soup

1皿目は「焼き玉ネギ＋玉ネギのピューレ」「春菊の
ピューレとクスクス＋トマトのエスプーマ」など、野
菜を1〜2種に絞ったシンプルな構成で。

構 成

赤パプリカの冷製スープ
トマトのソルベ
トマトのチップ
ピーテンドリル

湯むきして丸ごと冷凍した
トマトを客前で削りかける。

ビーツ、黒ニンジン、黒・赤大根、シイタケなど10種以上
の野菜を使用。マリネは甘くないだし酢に漬けたもの。

– 02 –

目の前で仕上げる
有機野菜パレット

Assorted organic vegetables

野菜のコンフィ、マリネ、リーフサラダを盛り込んだ
皿を厨房で用意し、仕上げは鉄板で。鉄板上に木板を
かませてまな板を置き、野菜を切るところから見せる。
クロッシュで蒸し焼きにし、ナイフでカット。

構 成

野菜各種の鉄板蒸し焼き、
　　コンフィ、マリネ
リーフサラダ
ビーツのピューレ
トマトのドレッシング

– 03 –

季節の有機野菜の燻製

Light smoked seosonal vegetables

鉄板で野菜を焼くという同じ工程に、どのように変化
をつけるか──その日入荷した野菜を籠に入れて披露
し、好きなだけ選んでもらう方法に。提供はせいろで、
蓋を開けると燻煙が立ちのぼる仕掛け。

構 成

野菜各種の鉄板蒸し焼き
大根おろし
燻製塩、透明醤油

1
野菜各種をプレゼンテーション
し、お客に選んでもらう。品数
に制限はないが、平均4〜5種。

2
玉ネギなど時間がかかるものか
ら鉄板に置いて焼き、水を注い
でクロッシュをかぶせ、蒸し焼
きにする。

3
角せいろの下段に、熱した桜の
スモークウッドを入れ、上段を
セットする。

4
蒸し焼きの途中で1回裏返して
両面がきれいに焼けたら、食べ
やすい大きさに切り、軽く塩を
ふる。角せいろの上段に盛る。

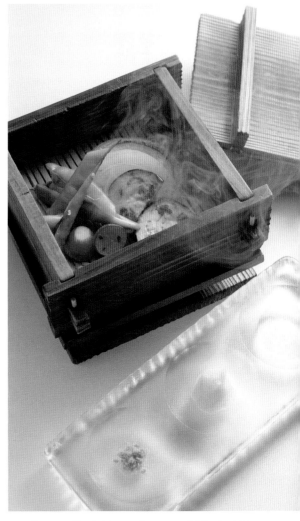

玉ネギ、ナス、甘長唐辛子、ラディッシュ。透明の水に見え
るものが実は醤油という意外性も受けている。

コースで魅せる

– 04 –

ベジタブル琥パフェ

Vegetable parfait-style

パフェはパフェでも野菜だけを使い、しかも温かいという、意外性を狙う。ベジタリアンコース以外では同じ仕立てにフォワグラの鉄板焼きを添えて、一番の人気料理。

構成

ニンジンのムース
野菜各種のチップ
マイクロリーフ

器にムースを盛り、野菜各種のチップとマイクロリーフをあしらう。サツマイモやナスでもアレンジできる。

小鍋にニンジンのムースを入れて鉄板で温める。

– 05 –

有機野菜の2色スープ

Organic vegetable soup

鉄板を使わない料理は仕上げのアクションで視線を引きつける。2種のスープを同時に混ざらないよう注ぐシーンは、動画で撮る人も。ほかにニンジン＆カブ、カボチャ＆トマト、ジャガイモ＆パプリカなど。

構成

グリーンピースのスープ
新玉ネギのスープ

豆乳ベースのグリーンピースと、野菜のブイヨンベースの新玉ネギ。冷製・温製どちらでも提供できる。

客前で、2種のスープを同時に慎重に器に注ぐ。

– 06 –

じゃが芋とトマトの
マリアージュ

Pâte-brick: potato and tomato

まろやかな口あたりの料理が続いたところ
で、サクサクの食感と濃いめの味を投入。
凝縮した旨みのトマトソースを包んだパー
トブリックを鉄板で揚げ焼きにする。

焼き上げたらヘラでおさえ、
もう1枚のヘラで手前から先
へすべらせて斜めに切る。

構成

パートブリック
トマトソース
ドフィノワーズ
マイクロリーフ

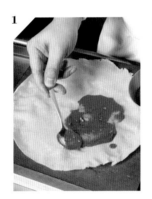

1

パートブリックにトマトソース
をぬり、筒状に丸める。いった
ん冷凍庫に入れて締める。

2

多めのE.V.オリーブ油で、パー
トの面を変えながら約3分間焼
き、油を除いて約2分間焼く。

3

豆乳で煮たジャガイモを鉄板で
温める。ヴィーガンチーズをの
せて表面をバーナーで焼く。

– 07 –

八朔のグラニテ

HASSAKU citrus granita

口直しはフルーツのグラニテが定番で、ほかにブ
ラッドオレンジ、レモン、ライム、リンゴなど。
ときにはバジルのジェラートも。

グラニテをスプーンで削って
七宝紋の江戸切子に盛る。

開封してトリュフオイルをたらし、トリュフを削って香り高く仕上げる。野菜の種類は季節に応じて。

− 08 −

季節野菜の
カルタファタ包み

Carta-fata: organic vegetables

耐熱クッキングラップ、カルタファタに切り整えた野菜とブイヨン、E.V. オリーブ油を入れて包み、密閉加熱。火が入るにつれぷっくりと膨らんでくるさまが見て楽しい。

構 成

野菜各種
野菜のブイヨン
トリュフオイル
トリュフ

− 09 −

ベジタブル焼

Vegetable OKONOMIYAKI

締めはお好み焼きまたはリゾットの選択。ベジタリアンコースのお好み焼きは、大豆パウダーと山イモパウダーの生地で、卵や肉はもちろん不使用。提供のタイミングを逆算し、15分ほどかけて焼く。

1

生地とキャベツを混ぜる。キャベツは細かくきざむことで均一に混ざりやすくなる。

2

E.V.オリーブ油を引いた鉄板（200℃）に流す。直径約11cmで1人分のサイズ。

3

3分間を目安にひっくり返し、円周をヘラでおさえ形を整える。

4

ヘラを通して火の入り具合を感じとる。

5

中までしっかり火を通すため、計4回返して焼き上げる。

6

お好みソースと卵不使用マヨネーズをかける。青海苔は香りが格別の四万十川産にこだわる。

リーフサラダを添えて提供。一般
的なお好み焼きとはひと味違い、
大豆の風味が特徴的。

– 10 –

マンゴープリン

Mango pudding

卵は使わず、国産マンゴーをシンプルに生かした
プリン。宮崎県産最高級完熟マンゴー「太陽のタ
マゴ」のスライスを添えている。

マンゴーのとろける
食感と同じくらいプ
リンもやわらか。ハ
チミツで煮たトマト
がアクセント。

– 12 –

小菓子

Tea cakes

あんと植物性クリーム、シナモンパウダーを合わ
せたものを、白桃の角切りを中心にして丸め、求
肥シートで包んだひとくち大福。

千房オリジナルの、小さなお好み焼き用ヘラに盛りつけ。

– 11 –

イチジクのキャラメリゼ

Caramerised figs

冷製デザートの後、2皿目のデザートは温製で。
シロップをすくったスプーンをふり上げると瞬く
間に糸状のアメができていくパフォーマンスで、
コースの最後まで飽きさせない。

1 グラニュー糖をまぶしたイ
チジクを鉄板で香ばしく焼
く。

2 熱いパラチニットをスプー
ンにからめ、高い位置から
ふり落としてアメをつくる。

糸状にかたまったアメを両手で包んで形をまとめ、イチジ
クとともに皿に盛る。

トマトのソルベ 赤パプリカの 冷製スープ仕立て *p.098*

【赤パプリカの冷製スープ】

赤パプリカをスライスし、E.V.オリーブ油でやわらかくなるまで炒める。ミキサーにかけて漉し、植物性クリームと水で濃度を調整し、冷やす。

目の前で仕上げる 有機野菜パレット *p.098*

【野菜のコンフィ】

野菜を適宜切り、80℃に保ったE.V.オリーブ油に入れて約5時間加熱する。油ごと冷蔵保存。同様の方法でニンニクを加えたものや、澄ましバターと合わせたものでもつくる。

【トマトのドレッシング】

トマト、塩、赤ワインヴィネガー、E.V.オリーブ油をミキサーで撹拌する。

ベジタブル琥パフェ *p.100*

【ニンジンのムース】

玉ネギ（スライス）…100 g
ニンジン（スライス）…2本
水…適量
豆乳…少量

玉ネギをE.V.オリーブ油でしんなりするまで炒め、ニンジンを加えて軽く炒める。水をひたひたに注いでやわらかくなるまで煮て、ミキサーにかける。漉して豆乳を加え、塩で味をととのえる。

有機野菜の2色スープ *p.100*

【野菜のブイヨン】

玉ネギ300 g、ニンジン300 g、セロリ150 g、ポワロー1本の各スライス、ニンニク（つぶす）4片、トマト1個、白ワイン300ml、水6Lを鍋に入れて沸かし、あくを取り、ローリエ、ブーケガルニ、岩塩、白粒コショウを加えて弱火で30〜40分煮る。漉して急冷する。このブイヨンはp.102のカルタファタ包みでも使用。

【グリーンピースのスープ】

グリーンピースをやわらかくなるまで塩ゆでして裏漉しし、豆乳とともにミキサーで撹拌する。塩で味をととのえ、冷蔵庫で冷やす。

【新玉ネギのスープ】

新玉ネギをスライスし、E.V.オリーブ油でしんなりするまで炒め、野菜のブイヨンで煮る。ミキサーにかけて漉し、豆乳と塩で味をととのえ、冷蔵庫で冷やす。

じゃが芋とトマトの マリアージュ *p.101*

【トマトソース】

ニンニクのみじん切りをE.V.オリーブ油で炒め、玉ネギのみじん切りを加えてしんなりするまで炒める。ホールトマトを加えて煮て、バジルを加える。塩で味をととのえる。

【ドフィノワーズ】

ニンニクのみじん切りをE.V.オリーブ油で炒め、2cm角に切ったジャガイモ（インカのめざめ）を加えて軽く炒め、豆乳を注いで煮る。塩、コショウで味をととのえる。

八朔のグラニテ *p.101*

【ハッサクのグラニテ】

a ┃ 水…400ml
  ┃ グラニュー糖…300 g
b ┃ ハッサク果汁…50 ml
  ┃ ハッサク果肉（細かくほぐす）
  ┃ …5 g

aを鍋に入れて沸かし、冷ます。bを加え混ぜ、冷凍する。

ベジタブル焼 *p.102*

【ベジタブル焼の生地】

大豆パウダー…30 g
山イモパウダー…10 g
塩…適量
E.V.オリーブ油…20 g
キャベツ（細かくきざむ）…100 g

マンゴープリン *p.104*

【マンゴープリン】

a ┃ マンゴー（国産／スライス）
  ┃ …500 g
  ┃ グラニュー糖…25 g
寒天製剤（ル・カンテンウルトラ）
…25 g

aを加熱してグラニュー糖を溶かし、ミキサーにかける。寒天製剤を加え冷蔵庫で冷やしかためる。

【トマトジャム】

a ┃ トマト（湯むきしてきざむ）
  ┃ …2 kg
  ┃ グラニュー糖…50 g
b ┃ ハチミツ…100 g
  ┃ 寒天製剤（ル・カンテン
  ┃ ウルトラ）…30 g

aを軽く煮てミキサーにかけ、bを加えて溶かし、冷蔵庫で冷やす。

Part 3

鉄板クリエイション！

お好み焼きはもちろん、フレンチ、スパニッシュなどの他ジャンルでも「鉄板」は注目コンテンツ。カジュアル価格帯の鉄板焼き、鉄板居酒屋も増えている。広がる鉄板料理の可能性——それぞれのコンセプトとアイディアフルなメニューを紹介する。

Plancha ZURRIOLA

プランチャ スリオラ

東京・虎ノ門

スパニッシュ鉄板焼きは
素材本位でアトラクティブ

　ミシュラン２ツ星のスペイン料理レストラン「スリオラ」のカジュアル業態の２号店。虎ノ門ヒルズ内、個性ある店舗が軒を連ねる『虎ノ門横丁』にある。

　店名のプランチャは、ずばりスペイン語で鉄板のこと。スペインではプランチャはレストラン厨房のベーシックな設備であり、「ア・ラ・プランチャ（鉄板焼き）」は食文化のひとつ。とくに、新鮮魚介が自慢な地域のバルや食堂では、プランチャ料理が活躍する。

　オーナーシェフの本多誠一さんが狙うのは、このスペインのプランチャ文化に、日本の上質な魚介や肉、日本式のカウンター鉄板焼きを掛け合わせることだ。「ガストロノミーレストランを10年やって得た最大の収穫は、日本の最高レベルの食材を知ったこと」。それらを生かし、「シンプルに調理し、シンプルに味わう」スペインスタイルの食の楽しみ方を伝える。

　象徴的な食材が駿河湾の赤エビだ。スペインのデニア特産のガンバエビを思わせる味の深さを、現地風のストレートなア・ラ・プランチャで表現。その一方、レストラン感覚のレシピを鉄板調理にアレンジする。ちょっとした器具づかいがアイディアフルで、味はもちろん、工程のおもしろさも食べる人の目を惹きつける。「注文が立て込んで待たせても、プランチャ調理を見ていれば飽きないし、一杯の立ち飲みの人もワクワクできる。このライブ感が、スペインバルらしい空気を生み出します」。

欧州修業時代のラスト４年間をスペインの食文化吸収に充てた本多さん。

ガス式鉄板をL字型に囲むカウンター席のほか、テーブル席がある。鉄板料理は旬素材を使った「本日のおすすめ」が主体。ベーシックなタパスや米料理もある。

DATA

住所	東京都港区虎ノ門1-17-1 虎ノ門ヒルズ ビジネスタワー3F
電話	03-6550-9607
URL	www.toranomonhills.com/toranomonyokocho/
営業時間	平日　11:00〜15:00　17:00〜23:00 土日祝　12:00〜15:00　16:30〜22:00
価格例	【コース】（予約制）昼3,835円〜、夜7,700円〜応相談 【駿河湾赤エビのプランチャ（4尾〜）】2,112円〜

ウチワエビの
岩塩焼き

鉄板で塩釜をする際は、足りない熱量を補うために
クロッシュをかぶせるのが一般的だが、ここでは塩
釜自体をフランベして加熱する。塩が炎をあげる光
景とアルコールの香しさで、ライブの楽しさがいっ
そうアップ。殻付きの甲殻類にしっとりと火が入る。

材料

ウチワエビ

岩塩、卵白

アモンティリャード（熟成タイプのシェリー）

【ロメスコ】＊

a | トマト… 2 個
  | ニンニク… 1 片

b | アーモンド（ロースト）… 25 g
  | ヘーゼルナッツ（ロースト）… 25 g
  | ニョラ（スペイン産乾燥唐辛子／水でもどす）
  | … 2 個
  | シェリーヴィネガー… 20ml
  | オリーブ油… 100 g
  | 塩、コショウ

＊ a をそれぞれオーブンで焼く。これを b とともにフードプロセッサーにかけ、ピュレ状にする。

1　岩塩（卵白を混ぜる）を高温の鉄板に厚めに敷き、ウチワエビを（腹を下に）のせる。上からも岩塩をかぶせてすっぽりと包む【A】。表面をバーナーであぶって固め、蒸し焼きにする。

2　約10分後、1 の塩釜の表面にアモンティリャードをふりかけて【B】、バーナーであぶってフランベする【C】。さらに 5 分間焼く。

3　塩釜を鉄板からはがし、ヘラで割りくずして、エビを取り出す【D】。食べやすい幅に殻ごとカットする。

4　塩釜の底のディスク状の塩のお焦げを皿に置き、エビを盛りつける。ロメスコを添える。

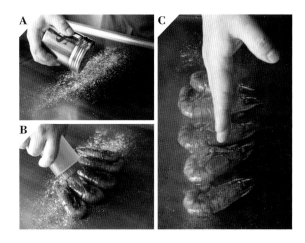

駿河湾赤エビの
プランチャ

スペイン地中海岸地方はプランチャ料理がさかん。「ガンバス・ア・ラ・プランチャ（赤エビの鉄板焼き）」はその代表的な一品だ。このような殻付き素材を焼く際は、塩を鉄板に直接ふって軽くトーストし、塩の香ばしさを引き立ててから、その上に素材を並べて焼く。

材料

赤エビ
E.V.オリーブ油
マルドン塩
【レフリート】*
ニンニク（みじん切り）
イタリアンパセリ（みじん切り）
オリーブ油

*ニンニクとオリーブ油を合わせて（常温から）加熱し、ニンニクの水分が抜けたらイタリアンパセリを入れて火を止めたもの。

1 鉄板（高温エリア）に塩をふり【A】、その上にエビを並べる（火力の強い熱源上にエビの頭があたるように）。エビの上からE.V.オリーブ油をかけ【B】、上面にも塩をふる。

2 エビに3割がた火が入ったら裏返す。この時もエビの頭は熱源側に【C】。

3 身にちょうどよく火が入ったら（トータルの焼き時間は約2分間）、皿に盛る。マルドン塩と香りづけのレフリートをたらす。

キャビアの瞬間
スモーク、
エビのフランと

アルコールとセルクルを使ったごく軽いスモークで、キャビアにアモンティリャード（熟成タイプのシェリー）の香りをほんのりとまとわせる。キャビアの豪華さが視覚的にも引き立つ。

材料

キャビア（ラトビア産）
昆布（水で濡らしてぬぐう）
アモンティリャード
ミント

1　ステンレスの網に昆布を敷き、キャビアをのせる。

2　鉄板上にセルクルを置く。その内側にアモンティリャードを適量注ぎ落とし【A】、すぐに 1 をのせ【B】、立ち上がる蒸気で（数秒間）蒸らす。1 をはずす。エビのフランにのせ、ミントを飾る。

エビのフラン

エビと魚のだし…250ml
全卵…2個
【あん】
レモン表皮（削る）
パプリカパウダー
オリーブ油
ココナッツウォーター
塩、コショウ
タピオカスターチ

1　だしと卵を合わせ、塩で味をととのえる。ココットに浅めに流し入れ、スチームコンベクションオーブンで火入れする。

2　あんをつくる。オリーブ油でレモンの皮とパプリカパウダーを炒め、ココナッツウォーター、塩、コショウを加えて軽く煮立てる。水溶きのタピオカスターチを加えてとろみづけする。

3　提供時に 1 を温め、2 を流す。

蟹のスフレ

「鉄板で焼くスフレ」。鉄板に触れる底部はサクサク、
上に向かうにつれスポンジ風で表面はトロトロに。
バスク名物「チャングーロ蟹のオーブン焼き」をア
レンジしたカニのトマト煮込みを芯に入れて。

材料

【カニの煮込み】
ゆでズワイガニ
　…200 g
玉ネギ（焦がす）…50 g
ブランデー…適量
トマトソース…200 g
魚のスープ…400ml
パン粉…適量
塩

【スフレ生地】
薄力粉…250 g
全卵…2個
グラニュー糖…10 g
ハチミツ…10 g
水…250ml
塩

【ソース】
魚のスープ
タピオカスターチ
塩

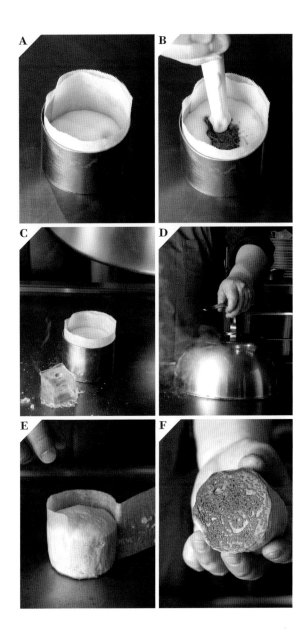

1　カニの煮込み：鍋で焦がし玉ネギを温め、ブランデーでフランベして、トマトソース、魚のスープを加える。沸いたら、ほぐしたズワイガニを加えて軽く煮る。パン粉で濃度を調整し、塩で味をととのえる。

2　スフレ生地：卵とグラニュー糖を合わせてしっかりと泡立て、ハチミツ、水を加える。ふるった薄力粉（＋塩）を加えて混ぜる。エスプーマサイフォンに入れる。

3　薄く油を引いた中温の鉄板に、内側面にオーブンペーパーを貼ったセルクル（直径5cm、高さ3.5cm）を置き、2を1/3の高さまで絞り込む【A】。

4　生地が加熱されて固くなってきたら（約2分間）、1をスプーン1杯程度のせ、その上をスフレ生地で覆う【B】。

5　セルクルのそばにアイスキューブを置いてクロッシュをかぶせる【C】。約5分間加熱する【D】。

6　ふっくらと火が入ったらクロッシュを開け、セルクルからはずして【E】、皿に盛る。底部はクリスピーに焼けている【F】。

7　皿に盛り、ソース（カニの煮汁を水溶きのタピオカスターチでとろみづけしたもの）を流す。好みでキャビアをのせる。

イカのソテー、
スモーク仕上げ

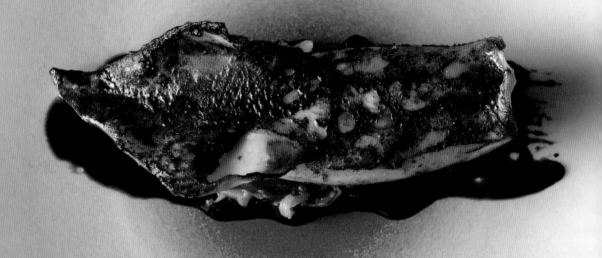

セルクルとスモークチップとクロッシュがあれば、
鉄板上で瞬間スモークができる。客席から炎や煙が
見える臨場感もごちそうのうち。鉄板スモークは、
タコやカツオにも活用している。

材料

小さめの白イカ
塩、オリーブ油

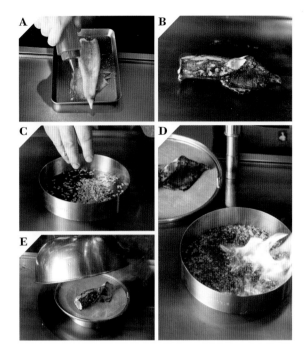

1　イカ（皮はむかない）に塩をふり、オリーブ油をまぶす【A】。人数分のピペラーダを小鍋に入れて鉄板で温める。

2　高温の鉄板に1のイカを置き、表面に焼き色がついたら裏返し、さらに両側面も焼いて（耳の裏側も焼く）【B】、全面を色づける。ステンレスの網に上げる。

3　並行して、鉄板にセルクルを置き、内側にスモークチップを散らして【C】バーナーで火をつける【D】。すぐに2をのせてクロッシュをかぶせる。しばらく置いて（約1分半）、ほんのりと燻製香をつける【E】。

4　皿にイカスミのソースを敷いてピペラーダを盛り、3をのせる。

ピペラーダ

ニンニク（つぶす）… 2片
玉ネギ（スライス）… 4個
緑ピーマン（スライス）… 6個
ピキージョピーマン（缶詰）… 200g
オリーブ油、塩、コショウ

1　ニンニクをオリーブ油で炒め、玉ネギを加えて炒める。透明になったら緑ピーマン、塩を加え、蓋をして加熱する。

2　クタクタになったらピキージョを加え、塩、コショウで味をととのえる。

イカスミのソース

a｜ニンニク（みじん切り）… 1個
　｜玉ネギ（角切り）… 2個
　｜ピーマン（角切り）… 10個
b｜生ハムの骨… 15cm
　｜イカの足やくず… 500g
トマトソース… 500g
白ワイン… 100ml
魚のスープ… 2L
イカスミ… 大さじ3
米… 50g
オリーブ油、塩、コショウ

1　aをオリーブ油で炒め、充分に旨みが出たらbを加えて軽く煮る。トマトソース、白ワインを加え、魚のスープ、イカスミと、米（とろみづけ用）を加えて煮込む。

2　味がまとまったら火を止める。骨をはずし、フードプロセッサーにかける。塩、コショウで味をととのえる。

フォワグラのポワレ

フォワグラのポワレで目指すのは、内部を豆腐のようにふわっと仕上げること。「焼き」だけで仕上げず、表面をきれいに色づけたらスチームにかけるのが効果的だ。鉄板上なら、セルクル＋氷＋クロッシュを使って、見た目も効率もよく蒸すことができる。

A

B

C

材料

フォワグラ（厚さ約2cmのカット）… 1枚
塩、コショウ
パイナップルのシロップ煮（ダイス）… 2個
ブリオッシュ… 1カット
マルドン塩、黒粒コショウ（砕く）
ピンクペッパー
【パイナップルのチャツネ】*
エシャロット（みじん切り）… 100g
オリーブ油

a	ドライシェリー… 50ml
	シェリーヴィネガー… 50ml
b	パイナップルのシロップ煮… 400g
	そのシロップ… 200g

*エシャロットを弱火で炒めて旨みを引き出し、**a**を順に加えて煮立てる。**b**を加えて約5分間煮て、フードプロセッサーにかける。

1 高温の鉄板に油を引き、パイナップルのシロップ煮を置いて、4面をきれいに焼く。並行してブリオッシュも焼く。

2 フォワグラに塩、コショウをふって高温の鉄板に置く【A】。きれいに色づいたら裏返す。その面も色づいたら、四つ折りのキッチンペーパーを敷いたステンレスの網に上げる。

3 鉄板にセルクルを置き、内側にアイスキューブを1個入れてすぐに**2**をのせ【B】、クロッシュをかぶせる。適宜、アイスキューブを足して、フォワグラを蒸す。

4 火入れを確認してフォワグラを取り出し【C】、皿に盛る。マルドン塩と黒コショウを散らす。**1**とパイナップルのチャツネを添え、ピンクペッパーを散らす。

トリハ

スペイン版フレンチトースト。卵は使わないバージョンなので、鉄板の安定した火力だからこそきれいに焼ける。

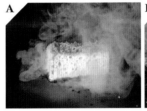

材料

ブリオッシュ
牛乳… 250ml

a	グラニュー糖… 40g
	シナモン… 1本
	レモンの表皮… 適量
	オレンジの表皮… 適量

カソナード
　… 適量
生クリーム
（乳脂肪分35%）
　… 適量
オリーブ油

1 牛乳に**a**を適量ずつ加え混ぜる。

2 ブリオッシュをカットして**1**に浸し、下面にカソナードをつけ、オリーブ油を薄く引いた高温の鉄板に置く【A】。上面にもカソナードをのせ、置いた面がカラメリゼされたら、ひっくり返す。両側面も焼く【B】。

3 皿に盛り、泡立てた生クリームを添える。

Teppanyaki TAKAMI
鉄板焼き 髙見

東京・広尾

お好み焼きの技術と
創造性を極める

カウンターにガス式鉄板が3枚。「IHに比べ扱いはむずかしいが、一気に温度を上げられるのが強み」。自身で設計し、下町の鉄工所に発注した。現在スタッフ10名。カウンター8席のほか、テーブル4〜5席2卓、半個室・個室計5卓。

　トントンと、カップの生地をスプーンで叩いたかと思うと、目にも留まらぬ早業でカップを回して生地に空気を抱かせて、鉄板へ……。焼き上がる前からおいしそう。食べる人の目は、店主の髙見真克さんの一挙一動に釘付けだ。

　メニューは定番の粉ものに加え、割烹料理店さながらに季節料理を豊富にそろえる。素材重視のシンプル料理で、なおかつ手順と鉄板づかいにアイディアがあり、火入れの精度と映えのどちらもが練り尽くされている。タダモノではないお好み焼きの店として、国内外の有名シェフが通うのもうなずける。

　たとえばカニコロッケは、ふわふわのメレンゲ生地を最小限の油で揚げ焼きしたもの。しんじょうを鉄板でつくる、ことをイメージしてつくった究極に軽いコロッケだ。名物の髙見焼きは、いわゆるタコ焼きだが、生地を特製の枠に流して巻くスタイルで、見るのも食べるのも楽しい。

　最初に就職したお好み焼き店「千房」で、この世界をたまたま知ったという髙見さん。すぐにのめり込み、同店ならびに「やきやき三輪」で経験を積み、2004年に独立開業した。独創的な鉄板の遣い手として注目されてきたが、鉄板焼きの仕事の土台はホスピタリティ、と断言する。「ひとつの料理に対し、何通りもの味つけや配合を変えて試作する。お客様を見て塩を少し控えたり、希望の味にアレンジしたりと臨機応変に対応する。マニュアルにできない対話や気づきこそ大切なことだと思っています」。

家業の美容室を通じて、幼い頃から接客の厳しさと楽しさを感じていたという髙見さん。「ホスピタリティ主体で学べる鉄板焼きの学校を作るのが夢」という。

DATA

住所　　東京都渋谷区広尾3-12-40 広尾ビル2F
電話　　03-5766-8120
営業時間　16:00〜23:00　不定休
価格例　【コース】9,790〜20,790円
　　　　【カニとしいたけのふんわりコロッケ】1個825円
　　　　【穴子のたれ焼き 実山椒和え】1,980円
　　　　【豚玉】935円

豚玉

生地に対してキャベツが約1割増のバランス、粘りを出さずに混ぜて仕上げに空気を含ませ、25％ずつ火を入れる感覚で4回返し、ふわっと仕上げる。生地の配合や焼き方は最終的には感覚。「何回もつくって自分の理想の味を見つけるしかない」。

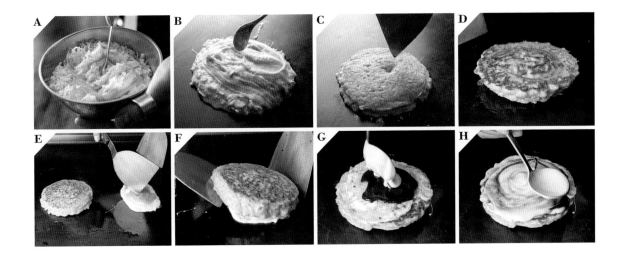

A B C D

E F G H

材料

お好み焼きの生地*

a | キャベツ（せん切り）
　 | フライドオニオン
　 | 全卵

豚バラ肉（薄切り）

全卵

ナタネ油

豚の脂身

【仕上げの味つけ】

お好みソース

自家製マヨネーズ

【トッピング】

削り節

青海苔

ドロソース

*薄力粉、長イモのすりおろし、
塩、昆布と鰹節のだしを合わせる。

1　取っ手つきカップにお好み焼きの生地と a を入れる。
　　カップを手に持ち、お好み焼き用スプーンを使って、
　　練らずに叩くようにしてなじませ、固まっている生
　　地をほぐす【A】。最後にカップを数回まわし、生
　　地に空気を含ませる。

2　中火の鉄板にナタネ油を引き、1 を流す。豚バラ肉
　　をのせ、カップに残った少量の生地を赤身の部分に
　　ぬる（火が入ってかたくなることを防ぐため）【B】。す
　　ぐに生地をひっくり返し、周囲を軽くおさえて形を
　　整え、ヘラの角で生地表面の中心にチョンと穴を開
　　ける（余計な水分を蒸発させるため）【C】。

3　生地を流してから焼き上げまで約6〜7分の間に合
　　計4回返して焼く【D】。

4　強火の位置に豚の脂身を置いて溶かし、卵を割り落
　　とし、黄身を軽くくずす【E】。豚肉がある面を下
　　にして生地をのせ【F】、生地を回転させて卵をむ
　　らなくくっつける。

5　卵が焼けたらひっくり返し、お好みソースとマヨ
　　ネーズを流して【G】スプーンの底でのばす【H】。
　　削り節と青海苔をふり、ドロソースを少量かける。

6　鉄板の延長にある保温板にのせて提供する（お客の
　　人数に応じて鉄板上で大きくカットしてから提供する）。

アサリと
キャベツの
ソテー

春限定の一皿。アサリとキャベツを蒸し焼きにし、アサリの殻が開き出したタイミングを逃さない。鍋ではできない、鉄板だからできるジューシーでレアな食感。

材料

アサリ
キャベツ（ざく切り）
a ┃ E.V.オリーブ油
　┃ ニンニク（すりおろし）
　┃ イタリアンパセリ（みじん切り）
E.V.オリーブ油
レモン汁

1　鉄板を中弱火にしてアサリを置き、キャベツをこんもりとのせる【A】。

2　1の横でaを順に置いて熱し【B】、時折ヘラで混ぜて香ばしいガーリックソースをつくる。

3　2を1にかけ【C】、水を注いでクロッシュをかぶせる【D】。

4　40秒〜1分間蒸して、アサリの口が少し開いた状態になったらクロッシュをはずす【E】。キャベツの端を味見し、うすければ塩でととのえ、すぐに皿に盛る。

5　E.V.オリーブ油とレモン汁各少量をふる。

カニと しいたけの ふんわりコロッケ

名はコロッケだが「海老しんじょうを鉄板でつくりたい」からはじまった一品。ごく薄くパン粉をまとった表面は香ばしく、口に入れるとすーっと溶けていく。長年の人気商品。

材料

卵白
ゆでズワイガニ（ほぐす）
シイタケ（みじん切り）
三つ葉（きざむ）
パン粉（細目）
ナタネ油、塩

1 卵白を泡立ててメレンゲをつくり、ズワイガニ、シイタケ、三つ葉と合わせる。手のひらにのる大きさに軽くまとめてパン粉をまぶす【A】。

2 鉄板を中火にし、ナタネ油を多めに引く。1をのせ、ヘラで直方体に整える【B】。随時ヘラで4側面を押さえ、底面の焼き色がついたら（90度倒して）面を変える【C】。途中、広がっていく油はヘラで集め（温度を均一化するため）、そこへ生地を移動させながら、1面につき10秒前後ずつ全6面を焼き固める。

3 弱火の位置へ移動させ【D】、1分間ほど焼いて仕上げる。その間、油が出てきたら置き位置と面を変えて、油はヘラで取り除く作業をくり返す。軽く塩をふり、皿に盛る。

髙見焼き

オリジナルスタイルのたこ焼き。特注した持ち手つきの枠を
使い、生地の香ばしさ、とろけ具合、具材の交わりを計算し
た形と包み方で。天かすよりも香り高いフライドオニオンを
使う。だし醤油とお好みソースの2つの味わい。

材料

明石粉*

生ダコ（明石産／細かく切る）

a | 紅生姜
  | フライドオニオン
  | 九条ネギ（小口切り）

ナタネ油

【仕上げの味つけ】

だし醤油

お好みソース

自家製マヨネーズ

【トッピング】

削り節

青海苔

*薄力粉、全卵、昆布と鰹節のだしをゆるめに合わせた生地。

1 鉄板を中強火にし、専用の枠を置いてナタネ油を多めに流し【A】、枠をゆらして油をまとわせる。

2 明石粉をよく混ぜ、1に（枠の高さ半分まで）流す【B】。タコとaをそれぞれ枠内の両端に落とす【C】。すぐに生地と枠の間に箸をさし込んで一周させ【D】、枠をはずす。

3 ヘラ2枚を生地中央に立て、片方は固定し、もう片方でトントンと縦に落として生地を切る【E】。

4 切り目にヘラを入れ、生地の⅓程度を具のある側に折り込み【F】、転がして残り⅓にかぶせる【G】。

5 生地を並べて片面30秒程度ずつ焼き【H】、皿に盛る。半分にはだし醤油を刷毛でぬり、残り半分にはお好みソースとマヨネーズをかける。両方に削り節と青海苔をふる。

材料

豚バラ肉（薄切り）
キャベツ（ざく切り）
もやし
中華麺（ちゃんぽん用）
塩、黒コショウ

a｜オリジナルウスターソース
　｜トンカツソース
　｜ドロソース
　｜ニンニク（ペースト）

昆布と鰹節のだし

b｜リーペリンソース
　｜酢
　｜塩
　｜だし醤油
　｜ガーリックオイル
　｜焼きそばソース

c｜削り節
　｜青海苔
　｜黒コショウ
　｜紅生姜

豚そば

少し太めながら軽さを感じるちゃんぽん麺を使用。多種の調理料を個別に加えることで、香りを引き立たせる。そのつど味を見て調整するので決まった配合はない。

1　鉄板を中火にし、豚バラ肉を置き、塩と黒コショウをふる。裏返し、ヘラで小間切れにする。

2　豚肉の位置をずらし、肉から出た脂の上に中華麺を広げて置く【A】。

3　別の位置にキャベツともやしを置き、豚肉の2/3量をのせる。

4　残り1/3量の豚肉は麺に混ぜて、ヘラで下から上へ返しながら、麺をむらなく焼く【B】。

5　4をひとまとめにして3にのせる。aをそれぞれ適量かけ、だしを40ml程度加える。ヘラで下から上へ返しながら、ソースを全体にからませる【C】。味を見て、bで適宜ととのえる（鉄板にソースが持っていかれるので、その分を足す感覚で）。

6　最後に焦げていない鉄板に移動させて麺を広げ、中強火で余計な水分を飛ばし、麺の表面を軽く焦がして香りを高める【D】。

7　皿に盛り、Cをのせる。

穴子のたれ焼き
実山椒和え

蒸し穴子のやわらかさとはまったく違う、ぷるんぷるんの食感だ。生のアナゴを炒めながら甘い醤油だれをからめ、山椒をきりりときかせる。キンキや金目鯛でも同様につくれる。

材料

アナゴ（掃除して開き、ひと口大に切る）
実山椒の味噌漬け
魚だれ*
ナタネ油
粉山椒

＊醤油、酒、みりん、砂糖を煮詰めたもの。

1 鉄板を中弱火にし、アナゴの皮目を下にして置く【A】。弱火の位置に実山椒の味噌漬けを置く【B】。

2 アナゴに魚だれを回しかけ【C】、ナタネ油を少したらし、からめながら火を入れる。鉄板に焦げがついてきたら【D】皿に盛る。

3 実山椒にも魚だれを少しかけて穴子にのせる。粉山椒をふる。

3種の 焼きチーズ

弱火だと固まらずに溶けてしまうので、やや強火で表面はカリッと中はトロッと仕上げる。お好み焼きの生地を利用して薄く焼き、チーズをのせて包むトルティーヤ風アレンジも。

材料

ハバティ
アイリッシュポーター
カマンベール
バルサミコソース＊
黒コショウ
E.V.オリーブ油
セルバチコ
レモン汁

＊バルサミコ酢とハチミツを合わせて煮詰める。

1　鉄板を中強火に熱し、適宜カットした3種のチーズを置いて焼く【A】。バルサミコソースを小鍋に入れて鉄板の縁の温かいところに置いておく。

2　チーズの片面が焼けたら、ハバティは端から小ヘラで丸める【B】。カマンベールはひっくり返す。アイリッシュポーターは半分に折る【C】。

3　皿に2を盛り、カマンベールにはバルサミコソースをかける。黒コショウとE.V.オリーブ油をふる。セルバチコを添え、レモン汁をたらす。

A

B

C

あんこ巻

生地に塩をふって味にメリハリ。あんは熱すぎ
ると食べにくいので軽く温める程度に。斜めか
まっすぐか、切り方はフィーリング。フルーツ
をブドウにする場合は包まず、口直しに添える。

材料（1皿分）

粒あん…60g
白玉団子（冷凍品を熱湯で解凍）…4個
イチゴ（四つ割）…1個
塩
【抹茶生地】*（以下の比率で合わせる）
上新粉…1
薄力粉…1
粉糖…0.5
抹茶パウダー…0.5
水…3

1　粒あんと白玉団子を中弱火の鉄板に置く。白
　　玉団子はバーナーで軽くあぶる【A】。

2　抹茶生地を鉄板に落とし、ヘラで薄く縦長に
　　のばす【B】。30秒ほど焼いたら、小ヘラで
　　周囲からはがしてひっくり返し、10秒ほど
　　焼いてまた返す【C】。塩をふる。

3　1の粒あんを縦長に2等分にして、生地の上
　　に1列に置き、白玉団子を等間隔にのせる。
　　白玉団子と交互になるようにイチゴを置く
　　【D】。

4　生地の長辺の片側を折ってかぶせ【E】、生
　　地の底から回転させて筒状に丸める。横長の
　　向きにし、小ヘラ1本を寝かせて生地の上に
　　のせ、もう1本の小ヘラをその上に立ててト
　　ントンと軽く叩いて具材と生地を密着させる。
　　小ヘラ2本を立てて、1本はおさえ、もう1
　　本を動かして斜めに4等分に切り【F】、皿に
　　盛る。

AU GAMIN DE TOKIO
オー・ギャマン・ド・トキオ

東京・恵比寿

「僕にとって鉄板は、どんな料理で喜んでもらおうかと考えたり、リクエストに対し即興でつくったりするのに欠かせない遊び道具のようなもの」(内田さん)。

名物料理いろいろ。
鉄板ビストロの先駆け

2008年にオーナーシェフの木下威正さんが白金に開店('15年、恵比寿に移転)。「鉄板焼き×フレンチ」という新しいジャンルを開拓した、いわゆる「鉄板ビストロ」の先駆だ。

最初に鉄板を導入したのは、狭小スペースとスタッフ人数の少なさを解決するための苦肉の策からだというが、鉄板が象徴するライブ感を味方につけ、独創的な発想で「日本人の本能に訴えるおいしさ」を追求してきた。鉄板料理以外にも、フォワグラのムースとカボチャのピューレをサンドしたチョコレートのエクレア、客前で和だしを抽出して注ぐ(ドリッパーを使った演出で魅せる)カッペリーニのラーメン等、ユニークな名物料理も多い。

現在の店舗は、ライブ感のだいご味をさらに意識した造り。コの字カウンター席がキッチンを囲み、段差をつけたフロアのテーブル席からも見下ろせる。仕込み用のガス台等はバックヤードに配置して、表キッチンは見られる「舞台」に。料理人の動きや接客が見せどころであり、鉄板料理の一番人気「トリュフのふわふわスフレオムレツ」を焼けば、その姿と香りに誘われて、「こちらにもください」との声が上がる。

現在シェフを務める内田健太さんは、開業時から木下さんの下で腕を磨き、今は全5店舗を統括する。フランス語で"いたずら小僧"を意味する店名どおり、フレンチの技術に裏打ちされたおいしさに、遊び心が加わった料理を日々くり出している。

表キッチンは調理台、溶岩石グリル、IHプレート。コーナーにあった鉄板はより間近で見えるよう、'21年夏に改装してカウンター中央に設置(写真は改装前)。

Bistro style
AU GAMIN DE TOKIO
Since 2008

DATA

住所	東京都渋谷区恵比寿3-28-3 CASA PIATTO 2F
電話	03-3444-4991
URL	www.gamin2008.com
営業時間	18:00〜23:00　無休(年末年始除く)
価格例	【コース】9,680円 【トリュフのふわふわスフレオムレツ】3,960円 【フォアグラバーガー】1,760円

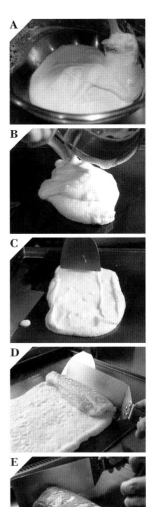

トリュフのふわふわ スフレオムレツ

「スペシャリテ!!」とメニューにうたった看板料理。ぎりぎりのやわらかさで巻くことがポイントだ。トリュフを削って即提供。冬は黒トリュフで。食感と香りに加え、甘じょっぱい味が好評でリピート率がとにかく高い。

材料（1皿分）

a | 全卵…1個
　| 生クリーム…15g
　| 粉チーズ…7.5g
　| 塩、コショウ…少量
b | 卵白…1個分
　| 塩…少量
バター
白トリュフ風味のハチミツ
トリュフ

1　aを混ぜ合わせ、泡立てたbのメレンゲに加えてさっくりと混ぜ合わせる【A】。

2　鉄板にバターを溶かして1を流し【B】、ヘラで横長の長方形に広げる【C】。

3　右端にヘラをさし入れ、左に向かってターナーで巻く【D】。左右上下を軽くおさえて形を整える【E】。

4　皿に盛り、白トリュフ風味のハチミツをかけ、トリュフのスライスを削ってのせる。

フォアグラ
バーガー

前菜感覚で食べられる小ぶりのバーガー。フォ
ワグラやアボカドのまったりとした洋テイスト
に対して、照り焼きソース、ワサビ、青ジソの
和テイストでバランスをとる。

材料

ペコロス（輪切り）	＊醤油、酒、ザラメを
フォワグラ（60 g）	ゆっくり煮詰めたもの。
強力粉	＊＊アボカドにレモン汁、
バンズ	マヨネーズ、ワサビを混
青ジソ（大葉）	ぜたもの。
バター、塩、コショウ	
照り焼きソース＊	
アボカドディップ＊＊	

1 鉄板にバターを引き、ペコロスを置く。

2 フォワグラに塩、コショウをして強力粉をま
ぶし、鉄板に置く【A】。

3 **1**をひっくり返し、半割にしたバンズの断面
を下にして鉄板に置く。**2**をひっくり返す
【B】。バンズに霧吹きで水を少しかけ、ク
ロッシュをかぶせて蒸す。

4 バンズ、青ジソ、フォワグラ、ペコロス、照
り焼きソース、アボカドディップ、バンズの
順に重ね、ラッピングペーパーに入れて皿に
盛る。

羽根付き帆立貝の
チュイル焼き

羽根にする生地は、流したらすぐにセルクルをはずしてOK。
ホタテ貝をのせて焼くことで、その旨みを吸い取ってくれる。
肝やヒモも生かしてフレンチの正統ソースにプラス。

材料

ホタテ貝	【チュイル生地】
強力粉	(以下材料を適量で混ぜる)
酒	薄力粉
バター	サラダ油
塩、コショウ	水

1　ホタテ貝を掃除し、貝柱は塩、コショウを
　　ふって強力粉をまぶす。肝とヒモは酒で蒸す。

2　鉄板に油を引き、**1**の貝柱を置く。別の場所
　　にセルクルを置き、チュイル生地を流す【**A**】。
　　セルクルをはずし【**B**】、貝柱をのせる【**C**】。

3　生地が焼けたらその下にヘラをさし入れ、も
　　う1本のヘラも使って生地を外側から丁寧に
　　はがし取り【**D**】、ひっくり返して反対の面
　　も焼く【**E**】。

4　ブールブランソースを小鍋に入れて鉄板で熱
　　する。鉄板にバターを溶かし、**1**の肝とヒモ
　　をソテーする【**F**】。塩、コショウをし、ヘ
　　ラを立てて細かく切り、小鍋に加える。

5　皿にラタトゥイユ(温める)を盛り、**3**をのせ、
　　周りに**4**を流す。

【ブールブランソース】

a	エシャロット(みじん切り)
	白ワイン
	白ワインヴィネガー

フュメ・ド・ポワソン(魚のだし)
バター、生クリーム、塩、コショウ

1　**a**を煮詰め、フュメ・ド・ポワソンを加
　　えて軽く火入れしたのち、たっぷりのバ
　　ターを混ぜながら加え、生クリーム、塩、
　　コショウで味と濃度をととのえる。

【ラタトゥイユ】

a	ニンニク(みじん切り)
	玉ネギ(小角切り)

トマト(小角切り)

b	ナス(小角切り)　　ズッキーニ(小角切り)
	ピーマン(小角切り)
	パプリカ(赤・黄／小角切り)

オリーブ油、塩、コショウ

1　オリーブ油で**a**を炒め、玉ネギが透明に
　　なったらトマトを加えて煮る。

2　別にそれぞれ炒めた**b**を**1**に加え、軽く
　　煮て、塩、コショウで味をととのえる。

牛Tボーンの
エシャロットステーキ

メイン料理は塊肉のステーキが定番。フライパンよりも温度
が安定している鉄板と、脂を落としてスモーキーな香りをつ
けられるグリヤードのダブルづかいで完璧な火入れに。

材料

牛Tボーン
塩、コショウ、バター
ニンニク (みじん切り)
エシャロット (みじん切り)
粗挽き黒コショウ
パセリ (みじん切り)
フライドポテト
セルバチコ
粒マスタード

1 牛Tボーンは、調理の約20分前に冷蔵庫から常温に出しておく。

2 **1**に塩、コショウをふり、バターを溶かした鉄板に置く【**A**】。焼き色がついたらひっくり返して同様に色づけ【**B**】、立てて脂の面も焼く【**C**】。

3 溶岩石のグリヤードに移し、脂を落としながら遠火でゆっくり焼く【**D**】。

4 鉄板にバターを溶かし、ニンニクを炒める【**E**】。軽く色づいてきたらバターを足し、エシャロットを加えて【**F**】、炒める。塩、粗挽き黒コショウ、パセリを加える。

5 木のボードに揚げたてのフライドポテトとセルバチコ、粒マスタードを盛り、カットした肉を置く。**4**をバターごとすくい取ってかける。

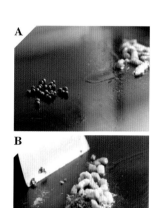

A

B

C

D

生胡椒の
カルボナーラピラフ

パンチェッタ＋卵黄＋チーズ＋コショウ……カルボナーラの
組み合わせを、ご飯料理で。生コショウを焼きながら潰して
香りを引き出し、パンチェッタと合わせるという技は鉄板だ
からこそ。バターライスを加えて一気に仕上げる。

材料

パンチェッタ（短冊切り）
生コショウ
バターライス*
ベシャメルソース**
卵黄
グラナ・パダーノ（すりおろし）
粗挽き黒コショウ

*バターで米を炒め、鶏がらスープを加えてオーブンで炊いたもの。
**バターと薄力粉を炒め、牛乳を少しずつ加えてのばし、生クリーム、塩、コショウで味と濃度を調整したもの。

1　鉄板に油を引き、パンチェッタを炒める。生コショウを鉄板に置き【A】、ヘラをのせて上から力を加えて潰し、香りを立たせ、パンチェッタと混ぜ合わせる【B】。

2　バターライスを加え、ヘラを立てて切るようにして炒め合わせ【C】、平らにならして塩、コショウで調味し、丸く形作り【D】、すくい上げて皿に移す。

3　熱したベシャメルソースをかけて卵黄を落とし、グラナ・パダーノと粗挽き黒コショウをふる。

GAMINの
どら焼き

開業時から提供している人気デザート。生地にみりんを加えると香ばしさとつやが増す。粒あんと塩キャラメル、和洋の楽しいハーモニー。

材料

粒あん	【どら焼きの生地】
塩キャラメルアイス	（以下材料を合わせる）
クリーム	ホットケーキミックス粉
	みりん
	ハチミツ
	牛乳
	グラニュー糖

1　鉄板に油を引き、どら焼きの生地を直径7cmに流す【A】。プツプツと気泡が出てきたらひっくり返し、内側になる面は軽めに焼く【B】。

2　粒あんと塩キャラメルアイスクリームを**1**にのせ、もう1枚の**1**をかぶせて提供する。

Aoyama SHANWAY

青山シャンウェイ

東京・北参道

オリジナルな鉄板づかい 中国料理に新スタイル

開業時から、本格派の料理と町中華の親しみやすさの両方を備えた人気店だ。2021年8月末（予定）に下記住所に移転。ほか、東京・丸の内にも支店をもつ。看板料理は「烏龍茶炒飯」「豚ガツと季節野菜の炒めもの」、「毛沢東スペアリブ」など。

　"鉄板中華"をうたい青山に開業して18年。そのコンセプトが異色なのは、そもそも中国料理が「中華鍋ひとつですべてを調理する」ものだからだろう。

　「中国料理とは本来『中華鍋の中で油と水分をひとつにする』ものだと思っています。だから鍋でつくるモヤシ炒めは1本1本に味がしみ込んでタレが残らない。一方、鉄板の上では油は横に逃げ、水分はどんどん蒸発します。鉄板中華は、その特徴をあえて生かしたオリジナル料理です」と、オーナーシェフの佐々木孝昌さん。

　上海料理のベテランだった佐々木さんが鉄板に着目したのは、中国で知人が鉄板料理でもてなしてくれたことがきっかけだとか。「中国料理で鉄板もアリ」と気づき、その調理効果に惹かれ、独立開業時にDIYで厨房に鉄板を設置した。現在、鉄板料理はメニュー全品目の3〜4割ほどで、いずれも伝統料理をベースとして鉄板で調理工程をアレンジしている。

店主の佐々木さん。『福禄寿飯店』（東京・原宿）で修業後、モダン中華の「アンテシノワーズ」で料理長を務めたベテランだ。「鉄板中華は中国料理の新しいスタイル。伝統のおいしさにアクセントをつけるつもりで、つくってきました」。

　鉄板調理の特徴・メリットは、①少なめの油で加熱してさっぱりと仕上げる。結果として食材そのもの味が活きる。②調味料や焼き汁を焦がして食材にからめ、香ばしさや食材との味のコントラストを強調する。③でんぷんを加えた焼き汁でパリパリの「お焦げ」をつくって最後に添え、アクセントにする。

　さっぱり感も香ばしい焦げ感も、パリパリのテクスチャーも、日本人が好むもの。中国料理をいかに現代の日本人の嗜好に合わせるか、が佐々木さんの鉄板中華の狙いなのだ。

DATA

住所	東京都渋谷区千駄ヶ谷4-29-12
電話	03-3475-3425
URL	shanway.jp
営業時間	11:30〜15:00　17:00〜22:00 不定休
価格例	【コース】5,500円（予定） 【極豚骨ロースの鉄板焼き】 1,680円（予定）

極豚骨ロースの鉄板焼き、BBQソース

スペアリブをじっくりと蒸し焼きし、最後にたっぷりのスパイスと合わせ調味料で焼きからめる。中華鍋でつくるバージョンに比べて油少なめで、よりさっぱりとした仕上がり。

材料

豚スペアリブ…4〜5本（約1kg）

片栗粉

マコモダケ

アスパラガス

パプリカ（赤、黄）

【下味用の漬け汁】（以下材料を各適量合わせる）

紹興酒

醤油、塩

長ネギ、ショウガ

【スパイス】

香辣醤*…大さじ2

沙茶醤…小さじ1

豆豉…大さじ1

花椒…小さじ1

ショウガ（みじん切り）

　…小さじ1

ニンニク（みじん切り）

　…小さじ1

【合わせ調味料】（以下材料を各適量合わせる）

醤油

中国醤油

オイスターソース

砂糖

チキンブイヨン

水溶き片栗粉

ゴマ油

*自家製唐辛子ソース

1　豚スペアリブは、漬け汁に数時間漬けて下味をつけておく。

2　鉄板に薄く油を引き、1を置く。置いた面が焼き固まったらクロッシュをかぶせ、蒸し焼きにする（約20分間。途中で一度裏返す）【A】。

3　肉の焼き上がり近くになったら【B】、そばに切り整えた野菜を置いて焼きはじめる。

4　肉、野菜とも火が通ったらスパイスを鉄板に直接置いて香ばしさを引き出し【C】、肉と野菜にからめる【D】。合わせ調味料をかけ【E】、肉と野菜に手早くからめて皿に盛る。

有頭海老の鉄板焼き、龍井茶風味

エビの甘みと龍井茶の香りのハーモニーを生かすため、調味
は塩のみ。最後に、でんぷん入りの龍井茶を焼いてお焦げに
して添え、香ばしさを引き立てる。

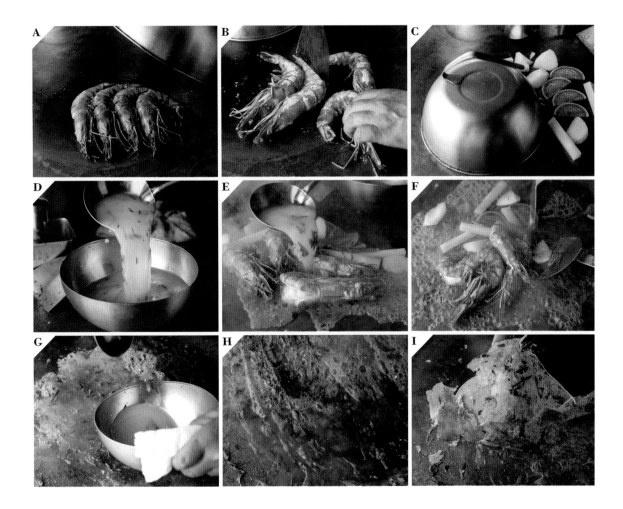

材料

殻付き有頭エビ

（背に切り目を入れ、ワタを掃除する）
　…４尾

龍井茶…約400〜500ml

水溶き片栗粉…少量

季節野菜（紅芯大根、チシャトウ、キャッサバ）の
　スライス

塩

1　龍井茶を淹れる。茶葉は漉さずにそのまま使う。
　少量の塩を加える。

2　鉄板に薄く油を引き、エビを置く【A】。クロッ
　シュをかぶせる。しばらく蒸し焼いてからクロッ
　シュを開け、焼き目がついていたら裏返し【B】、
　1を少量注いで再びクロッシュをかぶせる。

3　適宜切り整えた野菜も鉄板に置き、両面を焼く
　【C】。

4　**1**のお茶に水溶き片栗粉を混ぜる【D】。エビ、
　野菜ともに火が通ったら、お茶約200〜250mlを
　かけ【E】、ヘラで混ぜて食材にからめる【F】。

5　エビと野菜を皿に盛る。鉄板に残ったソースに、
　さらにお茶約200〜250mlを流し【G】、ヘラで広
　げて水分を飛ばす【H】。パリパリのお焦げにし
　てヘラではがす【I】。エビの上に盛る。

まぐろの顎の鉄板焼き、山椒ソース

大きなマグロのカマやアゴを、鉄板の上で時間をかけて蒸し焼きに。しっとり、かつ、噛みごたえある肉に、旨みとコクのあるピリ辛ソースをかけて仕上げ。唐辛子の量は好みに合わせて調整する。

材料

マグロのアゴ（皮付き）…約800g
【下味用の漬け汁】
（以下材料を合わせる）
紹興酒…材料が漬かる量
醤油…少量
塩、花椒、黒粒コショウ、
　　長ネギ、ショウガ…各適量
【山椒ソース】
（以下材料を各適量合わせる）
香辣醤（自家製唐辛子ソース）
ニンニク（すりおろし）
ショウガ（すりおろし）
紹興酒、醤油、ゴマ油
花椒、朝天辣椒（乾燥唐辛子）
【香菜のサラダ】
香菜、ネギ油、塩、すりゴマ

1　マグロのアゴ肉は漬け汁に数時間漬けて下味をつけておく。

2　鉄板に油を薄く引き、**1**のマグロを置く（皮面を下にして）【**A**】。クロッシュをかぶせ、15〜20分間かけて蒸し焼きする【**B**】。途中、いったん開けて裏返し、両面とも均等に焼き色をつける。

3　肉の中心部までしっとりと火が入ったら皿に盛る。山椒ソースをかける【**C**】。香菜のサラダをのせる。

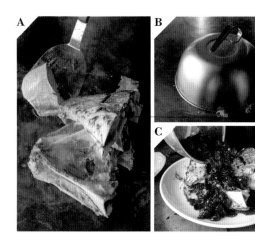

鉄板餃子

1個80gの大ぶりの餃子をいったん「蒸し餃子」
にしてから必要最小量の油を引いた鉄板で焼く。
手づくりの皮のモチモチ感と、パリッと焼けた
香ばしさとの両方を生かした仕上がり。

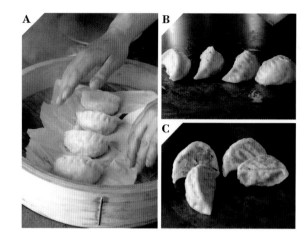

材料

手づくり餃子 (あんは豚肉、キャベツ、ニラ)
　…1個80g
サラダ (レタス、ニンジンなど)
【タレ】(以下材料を各適量合わせる)
醤油
酢
香辣醤 (自家製唐辛子ソース)

1　餃子を蒸す【A】。

2　鉄板に油を薄く引いて、1を並べる【B】。

3　底面がきつね色になったら、面を置き変えて
　きれいに色づける【C】。

4　皿にサラダを敷いて3を盛り、タレをかけて
　提供する。

烏龍茶炒飯

鉄板炒飯のメリットは、少ない油でよりさっぱりと香ばしく炒め上げられること、そして「お焦げ」をつくれること。この炒飯の主役、烏龍茶の香りもいっそう引き立つ。

材料

白飯…300g
烏龍茶 (お茶と茶葉)
ネギ油
グリーンアスパラガス (皮をむきひと口大に切る)
塩

1 烏龍茶を淹れ、茶葉を漉す。茶葉は軽くきざむ。そのうち一部を素揚げしておく。お茶に少量の塩を加えて味つけする。

2 白飯に1のきざんだ茶葉を適量混ぜる。薄く油を引いた鉄板に置き、1のお茶約150mlをかけ【A】、ヘラで手早く混ぜる【B】。

3 2の一部を横に取り分けて、ヘラで薄く平らにならし【C】、ネギ油をかけて、きつね色になるまでじっくりと焼く (=お焦げ)。こんがりと焼き固まったら裏返し【D】、パリパリのお焦げにする。

4 そのかたわら、鉄板にアスパラガスを置いて2をかぶせ、しばらく置く。その後、ヘラで全体を混ぜて水分を飛ばしながら炒飯を仕上げる【E】。

5 炒飯を皿に盛り、お焦げをカットして周りに立てかける【F】。揚げた茶葉を散らす。

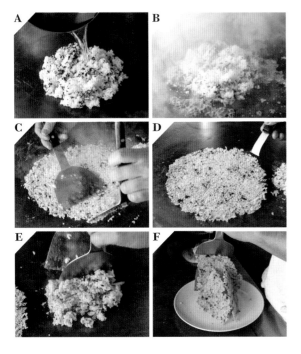

太麺焼きそば

中国風のソース焼きそば。あんかけ焼きそばを
つくるときのように麺を両面焼き（上下の面を
カリカリに、内部はふわふわに）して、ソース
をからめる。目玉焼きのせは、リクエストに応
じて。

材料

中華麺（太麺）
細ネギ
自家製シーズニングソース
卵（卵白と卵黄に分ける）
香菜
パプリカ（赤・黄／みじん切り）

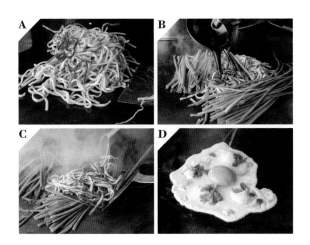

1 鉄板に薄く油を引き、中華麺を置く。焼き色
　がついたらひっくり返し【A】、両表面とも
　カリカリに焼く。細ネギ、自家製シーズニン
　グソースを加え【B】、ヘラで全体を混ぜな
　がら炒める【C】。皿に盛る。

2 卵白を鉄板に流し、表面に香菜、パプリカを
　散らす。底が固まったら中心に卵黄をのせる
　【D】、クロッシュをかぶせて蒸らす。卵黄
　が温まったら1にのせる。

Teppanyaki TAMAYURA
鉄板焼たまゆら

東京・中目黒

日本の鉄板焼きの
裾野を広げる

　オーナーの石原隆司さんが「オーセンティックな鉄板焼きをカジュアルな価格で提供する街場のレストラン」を最初に構想したのは、20年も前のこと。留学先のアメリカで高級鉄板焼き店でのアルバイトをしたことがきっかけだ。日本の鉄板焼きは高級ホテル内のダイニングが主流だが、現代の若いグルメ層にももっとアピールできるはず、と確信したという。

　そのためにまず、リゾートトラストグループ（鉄板焼きレストランを有するリゾートホテルチェーン）に入社。営業やマネージメントなどの経験をじっくりと積み、2019年10月に夢を実現した。石原さん自身はサービスを務める。

　店舗はカジュアルシックな雰囲気で、ディナーはフォワグラのフラン、ウニの牛肉巻、黒毛和牛のステーキなど、高級鉄板焼き店とほぼ同様の内容を盛り込んだ8品コース、8,800円から。価格はカジュアルダウンしても「料理人とお客が相対し、ひとつひとつの料理を目の前でつくる」という鉄板焼きの本質は変えていない。

　先代のシェフは和食畑の出身で、現在シェフを務める小松守さんは、名古屋のホテル数軒で洋食の経験が長く、サーウィンストンホテル名古屋（現ストリングスホテル 八事 NAGOYA）では鉄板焼きのシェフを務めた人。和洋それぞれのア・ラ・カルトも揃え、名物料理も育ってきた。地元客の普段づかいから若い世代のハレの日の食事まで幅広い客層をつかみ、日本が誇る料理文化、TEPPANYAKIの裾野を広げている。

メインダイニングはL字カウンター11席で鉄板は2枚。奥には鉄板と1卓4席のシェフズテーブルスペースと、8席の個室がある。

なめらかな舌触りの「フォアグラのフラン」は鉄板料理と並ぶ看板料理。愛知県出身の小松さんは同店シェフ就任により初めて東京勤務に。リピーターの多くはシェフおまかせにする。

DATA

住所	東京都目黒区上目黒1-26-1-317 中目黒アトラスタワーアネックス3F
電話	03-5724-3777
URL	eternalchallenge.co.jp
営業時間	11:30〜15:00　17:30〜23:00　月休
価格例	【ランチ】990〜5,280円 【ディナーコース】8,800〜17,600円 【気仙沼産フカヒレの鉄板焼】3,080円 【黒毛和牛サーロインステーキ（100ｇ〜）】5,280円〜

鮮魚のマリニエール風

マリニエール（船乗り風）は、魚のだしや、エシャロット、バターなどで魚介を煮る料理。鮮度を生かすため、魚は鉄板で焼いて、煮るのはさっと軽く。野菜で季節感を表現する。

材料（コース用1皿分）

白身魚の切り身（マダイなど）…40ｇ

ヤングコーン…1本

エシャロット（みじん切り）…½個

マッシュルーム（スライス）…½個

フュメ・ド・ポワソン（魚のだし）…30ml

トマト（小角切り）…⅛個

青ネギ（小口切り）…適量

バター…適量

キャノーラ油

塩、コショウ

1　白身魚の切り身に塩、コショウをふり、皮目にバターを多めにぬり【A】、その面を下にして250℃の鉄板に置く。

2　身にもバターを多めにぬる【B】。横にキャノーラ油を引き、ヤングコーンを置いて一緒に焼く【C】。

3　鉄板にオーバル鍋を置いてバターを溶かし、エシャロットを入れて軽く炒め、マッシュルームを加えて炒める。フュメ・ド・ポワソンを注ぎ【D】、ひと煮立ちさせる。

4　魚を（皮目を上にして）3に入れて加熱し、ソースを皮の上からかける【E】。

5　魚とヤングコーンを皿に盛る。4の鍋にトマトと青ネギを加えて軽く煮詰め、魚にかける。

鉄板焼
シーザーサラダ

サラダなのに鉄板焼き? その秘密が知りたくて
オーダーする女性客が多い。皿の中身はすべて
鉄板で調理。フランベで場が一気に盛り上がる。
卵は直接割らずに器から、の丁寧な所作も大切。

材料

ベーコン（短冊切り）
マッシュルーム（スライス）
ロメインレタス（半割）
ブランデー
全卵
E.Vオリーブ油、塩、コショウ、黒コショウ
パルミジャーノ・レッジャーノ
【ドレッシング】（以下の比率で合わせる）
マヨネーズ…1
牛乳…1
粉チーズ…0.5
レモン汁…0.5
ニンニク（すりおろし）…0.1
黒コショウ…適量

1 　200℃の鉄板にE.V.オリーブ油を引き、ベー
　　コンを焼く。少しの時間差でマッシュルーム
　　を横に置いて焼く。

2 　ロメインレタスを鉄板に置き、E.V.オリーブ
　　油をかけ【A】、ブランデーをふりかけてフ
　　ランベする【B】。食べやすい大きさにカッ
　　トし【C】、塩、コショウをふって器に盛る。
　　1をのせる。

3 　器に割り入れた卵を鉄板に落とし、塩をふる
　　【D】。ヘラをかませてクロッシュをかぶせ、
　　すき間から水を少量注ぎ入れる【E】。黄身
　　の表面が白くなったら黒コショウを挽きかけ、
　　2をのせる。

4 　パルミジャーノ・レッジャーノをおろしかけ、
　　ドレッシングを流す。

鉄板ホット
トマトサラダ

「トマトは加熱するとリコピンの吸収率が3倍になります」とサジェスチョン。フランベは相性のよいオレンジのリキュールで。ブルスケッタのようにバゲットにのせてもおいしい。

材料（2皿分）

トマト（湯むき）…1個
ニンニク（みじん切り）…小さじ1
バゲット（スライス）…4枚
コアントロー（またはグラン・マルニエ）…20ml
E.V.オリーブ油
トリュフ塩、ルーコラ

1 200℃の鉄板にE.V.オリーブ油を引き、ニンニクを置いて香ばしく色づける。ヘラにのせ、もう1枚のヘラでおさえて余分な油をきり、鉄板の端に置いておく。

2 鉄板でバゲットの両面を焼く。

3 鉄板にE.V.オリーブ油を引き、トマトを置いて上からも油をかけ【A】、コアントローをふりかけ、フランベする【B】。縦半分に切り、断面を下にして横½、さらに縦½にカットする。軽く塩をふる【C】。ひっくり返してさっと焼く。

4 皿に**3**を盛って**1**をのせ、E.V.オリーブ油をたらす。トリュフ塩、ルーコラ、**2**を添える。

A

B

C

D

E

F

黒毛和牛入り
あんかけチャーハン

周辺に勤務する人に向けたサービスランチ990円（前菜、味
噌汁、漬け物、シャーベット、コーヒーつき）の主菜。黒毛和
牛のしぐれ煮入りチャーハンを炒め、和風あんに入れる野菜
を炒め、卵も焼いて、と鉄板をフル活用する。

材料

黒毛和牛肉のしぐれ煮

a | 玉ネギ（角切り）
　　 | ニンジン（角切り）

季節野菜（バターナッツスクワッシュ、
マコモダケ、モロッコインゲン、甘長
ピーマンなど）

白飯

全卵

生クリーム

キャノーラ油

【あん】＊（以下の比率で合わせる）

b | 昆布と鰹節のだし…6
　　 | みりん…1
　　 | うすくち醤油…1

ゴマ油、コーンスターチ…各適量

＊**b**を煮切り、ゴマ油を加え、水溶
きコーンスターチでとろみをつける。

1　黒毛和牛しぐれ煮は、有馬山椒、ショウガのすりお
ろし、醤油、みりん、酒、砂糖を鍋で熱し、牛肉の
切り落としを入れて煮詰めたものを使用する。

2　200℃の鉄板にキャノーラ油を引いて**a**を焼き、並
行して、ひと口大にカットした季節野菜を焼く。し
ぐれ煮を置いて温める【**A**】。

3　**a**の上に白飯、しぐれ煮を順にのせて炒め合わせる
【**B**】。ヘラを立てて切るようにしながら、時折底
から持ち上げて落とし、ばらっとした状態に仕上げ
る。茶碗によそって表面をならし、ひっくり返して
皿に盛る。

4　あんを小鍋に入れて鉄板で熱し、**2**の季節野菜を加
える【**C**】。

5　全卵を生クリームでのばし、油を引いた鉄板に流す
【**D**】。ヘラで卵液の端から中へ集めるようにして
加熱し【**E**】、半熟状態ですくい取って**3**にかぶせ
る【**F**】。**4**のあんをかける。

黒毛和牛入り 焼きおにぎり茶漬け

**鉄板でつくる焼きおにぎりは、ほんのりやさしい焼き色にな
る。コースの締めでは、この焼きおにぎり茶漬けまたはガー
リックライス、冷素麺からの選択。**

材料

白飯

黒毛和牛肉のしぐれ煮
　（チャーハン参照）

キャノーラ油

昆布と鰹節のだし

うすくち醤油

ワサビ（すりおろし）

白ゴマ

きざみ海苔

1　黒毛和牛肉のしぐれ煮を入れたおにぎりをつくる。
250℃の鉄板にキャノーラ油を引いて、両面を焼く【**A**】。

2　だし（うすくち醤油で味つけする）を小鍋で温める。

3　焼きおにぎりを器に盛り、ワサビをのせる。**2**を注ぎ、
白ゴマと海苔をのせる。

A

気仙沼産
フカヒレの鉄板焼

肉の主役が黒毛和牛であるのに対し、魚介はフカヒレを看板料理に。クリームソースながらショウガ風味の和の味わいで個性を出す。コースでは1枚、ア・ラ・カルトでは2枚づけ。

材料（コース用1皿分）

フカヒレ（下煮済）…20g
セモリナ粉…適量
バゲット（スライス）…1枚
パセリ（みじん切り）…適量
とろろするめ（素揚げ）…ひとつまみ
E.V.オリーブ油
【デュクセル】*（19人分）
マッシュルーム（みじん切り）…1kg
エシャロット（みじん切り）…100g
バター…100g　塩、コショウ
【ショウガのクリームソース】**
（45人分）

a	水…400ml
	生クリーム…300g
	チキンコンソメ…10g
	ショウガ汁…30g
	酒…20g　みりん…10g
	うすくち醤油…10g
	塩…適量

コーンスターチ…適量

＊マッシュルームとエシャロットを一緒にバターでよく炒め、塩、コショウをふる。
＊＊aを鍋に合わせて適度に煮詰め、水溶きコーンスターチを加えてとろみをつける。

1　フカヒレ（もどしたものを、ショウガ、長ネギとともにだしで煮る）にセモリナ粉をまぶす。デュクセルとショウガのクリームソースを小鍋に用意する【A】。

2　200℃の鉄板にE.V.オリーブ油を引き、フカヒレとバゲットを置き、それぞれ両面を焼く【B】。

3　デュクセルとソースを鉄板で温める。

4　皿にデュクセルを流してフカヒレを盛り、ソースをかける。パセリを散らし、とろろスルメをのせる。バゲットを添える。

クロックムッシュ

「前菜・一品料理」として用意。シェアしてワインのつまみに。ちなみにコースのステーキはパンを敷いて出す。肉を食べた後、パンを回収して鉄板で焼き、長イモと特製のたれをサンド。

材料（1皿分）

食パン（耳なしスライス）… 2枚
チェダーチーズ（スライス）… 2枚
ハム（スライス）… 1枚

1　油は引かずに食パン2枚を200℃の鉄板に置く。1枚に、チーズでハムをサンドしたものをのせ【A】、もう1枚をひっくり返してかぶせる。

2　クロッシュをかぶせて焼く（途中でいったん開けて裏返す）【B】。

3　パンの両面に均一な焼き色をつけたら、ヘラ2枚を中央に刺し【C】、片方のヘラをずらしながら押し切る。さらに半分にカットして【D】皿に盛る。

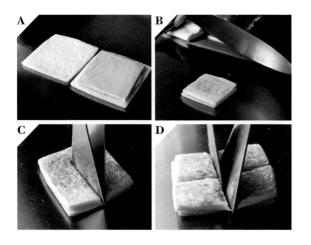

TAKAMARU DENKI
高丸電氣

東京・渋谷

鉄板のライブ感、クイック感が まさに「今」的。

看板は「氣」のネオンひとつ。雑居ビルの2階に立地し、入口もわかりにくい。隠れ家的な要素が口コミ効果を生む。

　鉄板を効果的に使い、ヒトクセある独自スタイルを確立するニュー居酒屋。店内4カ所のアイランドに客席を配置した内装、アジアの屋台風のにぎにぎしさがユニークで、20〜40代の高感度なお客を集めて連日の満席だ。

　代表の高丸聖次さんは、レモンサワーブームの先駆けとなった、東京・恵比寿「晩酌屋おじんじょ」を繁盛店に育て上げた人で、この高丸電氣が2店舗めになる。「コンセプトは"厨房の中"にいるような雰囲気。このテーマに沿って小さめの鉄板を導入しました。鉄板焼きのわかりやすさ、ライブ感やクイックな調理は今の時代にフィットすると思います」(高丸さん)。

　フードメニューは約45品で、このうち3割弱の料理を鉄板調理する。卵焼き、焼きそばといった超・超身近な料理に、この店ならではの個性とバリエーションをもたせて名物化している。

　「居酒屋の鉄板焼きで大事なのは"むずかしくしない"こと。商品設計——ふわふわなのか、カリカリなのか、しっかり焼き込むのか——をシンプルかつ明確にすることで、仕上がりがブレない仕組みをつくっています」。

　店の名物のひとつ「焼玉子」は、鉄板を大きく使って一気に火を入れ、中は半熟、全体はふんわりと焼き上げる。ベースの卵液と自家製ソースをまとめて仕込みおくので、安定した商品提供が可能だ。鉄板をうたいつつ鉄板メニューはあえて絞り込んで精度を高める。そのうえで季節のトッピングや自家製ソースで味の差別化ポイントを積み上げる、という戦略だ。

調理と客席の一体感が屋台のような活気を生んでいる。素材やメニュー内容は絶えず更新。「リーズナブルだけど高品質」という理想に近づきたいという。

代表の高丸聖次さんは広島県出身。子どもの頃から鉄板が身近にあり、居酒屋に鉄板焼きを取り入れた店づくりを試みた。屋号は実家の電気店から。開業は2020年7月。

DATA

住所	東京都渋谷区東1-25-5 フィルパーク渋谷東2階
電話	090-3502-9747
URL	www.instagram.com/takamaru_denki/
営業時間	12:00〜23:30
価格例	【焼麺】660円(＋豚バラ330円＋花ニラ440円)【焼玉子】660円(＋ぶっかけパルメザン330円)

焼麺
＋豚バラ
＋花ニラ

人気製麺店「開花楼」の特注麺を使用。居酒屋らしく、太めの麺を歯ごたえが残る程度にパリッと焼いて「ちまちまつまめる」アテ的な一品に。山椒の香りと濃いめのソースがアクセント。

材料（1皿分）

中華麺（浅草・開花楼製）…150g
自家製焼きそばソース＊…適量
豚バラ肉（薄切り）…40g
花ニラ（高知産）…40g（約20本）
花椒…少量
塩、コショウ

＊紹興酒、オイスターソースなどを合わせたもの。

1　麺はあらかじめ蒸し器で蒸しておく（特有のしっかりとしたコシが生まれ、調理時間を短縮できる）。

2　鉄板に少量の油を引き、麺をほぐしながら焼く。パリパリに焼きつけるように火を入れる【A】。

3　同時並行でトッピングを焼く。豚バラ肉はひと口大に切って炒め、花ニラは少量の水をさしてクロッシュをかぶせ蒸し焼きにする。それぞれ塩、コショウで調味する【B】。

4　麺の表面がパリッと焼けて締まってきたら、焼きそばソースを加え【C】、よく混ぜて麺にからめる。皿に盛り、トッピングを盛り合わせて花椒を挽きかける。

＊トッピングは焼玉子と共通で約20種から好みのものが選べる。

焼玉子、
スパイストマトソース
+ぶっかけパルメザン

一番人気の焼玉子。鉄板に広げて一気に火を通
したら、やさしくまとめて中を半熟に仕上げる。
スパイスが効いたさわやかなトマトソースで。
別に、黒酢オイスターソースバージョンもある。

材料

a | 全卵…40個
　　| 鰹節のだし（二番）…適量
　　| 塩…適量
　　| 砂糖…適量

パルメザンチーズ
パセリ（みじん切り）

【スパイストマトソース】*

b | クミンシード…20g
　　| コリアンダーシード…20g

c | カットトマト（缶）…2550g
　　| オリーブ油…30g

ガラムマサラ…少量

塩、油

＊**b**を油でテンパリングし、**c**と合わせて軽く火
を入れ、ガラムマサラと塩で調味したもの。提供
時に使用分を深バットに入れ、鉄板で温める。

1　卵液を用意する。**a**を合わせて漉す。

2　鉄板に卵液（約200ml）を流し【A】、空気を含
　ませるようにヘラで大きく混ぜ、端を寄せて
　【B】、全体をふんわりとまとめる【C】【D】。

3　皿に盛り、温めたスパイストマトソースを上
　からたっぷりとかける。パルメザンチーズを
　削りかけ、パセリをふる。

極上えのき 酒盗バター焼き

生食もできる甘みの強い高知産「極みえのき」を1株丸ごと使った名物メニュー。中心まで火が通るように、クロッシュを使ってじっくり蒸し焼きに。

材料（1皿分）

エノキタケ（高知産「極みえのき」）… 1株
バター… 適量
鯛酒盗… 適量
a ┃ 醤油
　　┃ 黒コショウ
ベーコン（スライス）… 1枚
パセリ（みじん切り）… 適量
レモン（カット）… 1個
黒コショウ… 適量

1　鉄板に少量の油を引き、石突きを落としたエノキを株ごと置く。少量の水をさして【A】クロッシュをかぶせ、蒸し焼きにする。途中でひっくり返す。

2　鯛酒盗（**a**を加えて味をととのえる）とバターを深バットに合わせ、鉄板にのせて加熱する【B】。隣でベーコンを焼きはじめる。

3　クロッシュを開け、エノキから出た水分を全体になじませる。溶けた2のソースをエノキに回しかける【C】。皿に盛り、ベーコンをのせる。パセリをふりかけ、レモンを添える。

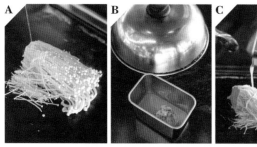

せせりと蓮根の
クミン炒め

せせりはじっくり火を入れることで、しっかりとした食感とともに肉の旨みを前面に。レンコンもゆっくりと加熱して甘みを引き出す。

材料

せせり（鶏首肉）…80g	醤油だれ*
レンコン（薄切り）…60g	塩、コショウ
ニンニクの芽…40g	白髪ネギ
クミン（シードとパウダー）	糸唐辛子
…各適量	

＊醤油、オイスターソース、ゴマ油、ニンニク、ショウガ、豆板醤などを合わせたもの。

1 せせりをひと口大に切る。鉄板に多めの油を熱し、せせりに塩、クミンシードをふって焼く。かたい部分なので、じっくりと火を入れる【A】。

2 同時並行で、レンコンを焼く。塩、コショウを軽くふり、火が通ったら醤油だれを回しかけ【B】、長さ2cmに切ったニンニクの芽を加え、1と炒め合わせる。仕上げにクミンパウダーをふる。皿に盛り、白髪ネギと糸唐辛子をのせる。

A

B

KONAMONO SHOUTEN
創作鉄板 粉者焼天
東京・田町

独自性とコスパで攻める
ステーキ&お好み焼き

　"鉄板王 代表取締 焼く"。店を経営する(株)タガタメの代表、鈴木雅史さんの名刺に書かれた肩書である。地元の千葉県船橋市に「創作鉄板 粉者本店」を2013年に開業し、現在は東京・錦糸町「粉者東京」、人形町「粉者牛師」、三田「粉者焼天」および船橋に焼肉店を経営。'21年3月には恵比寿に「とり料理 鳥者」を開き、「代表"鳥締"に変えなくちゃ」と言うが、「飲食業は人を喜ばせてなんぼの仕事。味、価格、ビジュアル、ネーミングも含め、どこをとっても笑顔になるものを提供するべき」と、信条はいたって真摯だ。

　粉者の成功の理由は、庶民が求めていた鉄板焼き店が見事に具現化されているからだろう。数万円があたり前の黒毛和牛のステーキのコースが5,000円台から。あこがれのシャトーブリアンを"原価ほぼ100%"の100g4,180円で提供。一方で、高級店にはない粉もの料理や居酒屋テイストの一品料理を共存させる。それも独自性が光るものばかり。「名物ふわ焼き」は「日本一軽いお好み焼き」のキャッチフレーズを先に決め、生地を試行錯誤し、片面だけ焼いて丸めるという新たなスタイルを編み出した。

　約20名の社員のほとんどが20代と若い。鉄板焼きのスキルとモチベーション向上のため、社内資格制度「焼人(しょうにん)」をもうけており、試験に合格すると客前に立て、昇給もある。また、そのために半額で肉を焼く練習を許可している。鉄板王は、独立や社内起業の応援なども惜しまないそうだ。

31坪38席。カーボンランプヒーター式鉄板を4ユニット、アイランド型に設置。テーブル席はカウンター越しに、個室は厨房の小窓から提供できる造り。店長の吉田泰助さんは鉄板焼きの特訓を営業前後に重ね、焼人試験に一発合格した。

粉者の名はお好み焼き店の家業への感謝の思いから。鉄板焼きは焼き手の育成が必要なので、当面は焼焼店のFCを全国展開する予定、と鈴木さん。

DATA
住所	東京都港区芝5-9-8 GEMS田町8F
電話	03-6275-1929
URL	r.gnavi.co.jp/m7yexfx80000
営業時間	11:30〜14:00(月〜金) 17:00〜23:00 不定休
価格例	【コース】5,478円〜 【超玉ねぎ】748円 【名物 素敵サンド】1,980円

名物ふわ焼き

片面だけを焼き、丸めてソースなどをかける間に、余熱でギリギリ中心まで火が入る計算。後のせ卵も鉄板で、「液体以上、固形未満」の絶妙な状態に仕上げるのがポイントだ。

材料

a	お好み焼きの生地
	牛肉そぼろ*
	キャベツ（せん切り）
	全卵
	天かす

【トッピング】
全卵
削り節
お好みソース
自家製マヨネーズ
自家製マスタード
青海苔

＊ステーキ用牛肉の端肉をミンチにして
焼き、醤油、みりん、砂糖、玉ネギとと
もに煮込む。

1　aをボウルに入れ、牛肉そぼろをスプーンでほぐし、
生地に空気を含ませるようにして手早く混ぜる。

2　鉄板の高温エリアにやや多めの油を引いて1を流し
【A】、広がっていく生地をヘラでやさしく集めるよ
うにして丸く整え、そのまま触らずに焼く。次第に
表面に気泡が出て、その気泡の周りの生地が固まっ
ていく【B】。

3　生地に火が入ったら（約4分後）、ヘラを生地の下に
（四方から）さし入れて鉄板からはがし、4分割する
【C】。低温エリアに移す。

4　生地の⅓程度を内側に折り込み、転がして残り⅓に
かぶせ、ロール状にする【D】。

5　4つのロールをきれいに並べ、削り節をかけ、お好
みソースとマヨネーズを順にディスペンサーで全体
にかける。マスタードは2本の線にしぼる【E】。ヘ
ラでまとめて皿に盛る。

6　鉄板上をヘラで掃除し、高温エリアに油を多めに引
き、卵を割り落とす。すぐに片方のヘラで黄身をく
ずし、うずを描くようにして手早く混ぜながら、も
う一方のヘラで全体の形を整える【F】。約15秒で
完成させ、5にのせる。青海苔をふり、ヘラをさし
入れて提供する。

牡蠣の
ワンスプーン

肉と粉もの、季節野菜に特化させており、数少ない魚介料理の一品がこれ。グルメなお好み焼きのイメージで、粉を使わないだしとろろを敷き、香ばしさはもんじゃ焼きせんべいで表現。

材料

カキ（2Lサイズ）	もんじゃ焼きせんべい＊＊
だしとろろ＊	トリュフエキス＊＊＊
お好みソース	バター
自家製マヨネーズ	薄力粉

＊山イモのすりおろしを昆布と鰹節のだしでのばし、青海苔を加える。

＊＊もんじゃ焼きの生地を鉄板に薄くのばして焼く。

＊＊＊白トリュフの小片を漬けて風味を移したE.V.オリーブ油。

1 鉄板の中温エリアにバターを溶かし、両面に薄力粉をつけたカキを（平らなほうを下に）置く【A】。

2 立て続けに、だしとろろを高温エリアに流す【B】。すぐにカキをのせ【C】、だしとろろを焼き固めながら30秒ほど火を入れる。

3 カキを最初に置いた場所にやや多めの油を引き、2をひっくり返して置く【D】。

4 15秒ほど焼いてから、お好みソースとマヨネーズを順にディスペンサーでかける。鉄板にかかったソースをヘラで除き、カキを高温エリアへ移動させ、さらに15秒ほど焼く。

5 レンゲ形の器に盛り、もんじゃ焼きせんべいをくだいてのせる。客席にて、トリュフエキスを注射器で注入する【E】。

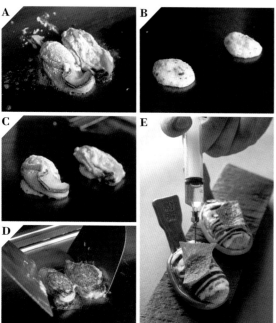

社長のおやつ

海苔、餅、ユッケ、カラスミ。社長の好きなものをひと口ずつ合体させているから"おやつ"。季節によっては違う食材をのせるかもしれないという気ままさも。コースの前菜として提供。

材料

薄切り餅
韓国海苔
黒毛和牛ユッケ
芽ネギ
カラスミ（冷凍しておく）

1　鉄板の高温エリアに薄切り餅を置き、両面を焦げない程度に焼く【A】。

2　皿に韓国海苔を置き、1をのせる【B】。

3　ひと口サイズのユッケをバーナーでさっとあぶり【C】、2にのせる。

4　芽ネギをのせ、客前にてカラスミをすりおろす。

超玉ねぎ

オーブン料理が鉄板でも可能であることを表す一品。ジャストサイズのクロッシュをかぶせ、30分かけて加熱した玉ネギは、甘みが充分に引き出され、適度な食感と香ばしさが効いている。

材料

玉ネギ
デミグラスソース
自家製マスタードソース
フライドオニオン
乾燥パセリ
バター、塩、コショウ

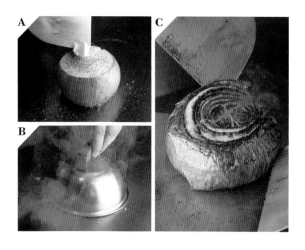

1 玉ネギの上下を皮つきでカットする。

2 鉄板の高温エリアに油を引き、玉ネギを置く。塩、コショウをふり、バターをのせる【A】。水を注いでクロッシュをかぶせ【B】、中温エリアに移動させる。

3 計30分ほどかけて蒸し焼きする。途中様子を見て、水が足りなければ足す。一度ひっくり返す【C】。

4 器にデミグラスソースを流し、3を置く。

5 フライドオニオンと乾燥パセリをかける。マスタードソースを点々とたらし、串で線を引いてハートを描く。

名物
素敵サンド

カツサンドの旨さを分析し、ステーキで再構築。
肉は銘柄や等級にこだわらず、その時々でベス
トなものを入手するが、A4-7あたりが多い。
＋550円でシャトーブリアンに変更も可能。

材料（1人分）

黒毛和牛フィレ（厚さ2〜3㎝）…40〜50g
竹炭食パン（8枚切り）…½枚
自家製マスタードソース
フライドオニオン
お好みソース
自家製野菜ソース*

＊玉ネギとニンジンをペーストにし、卵と油で乳
化させたもの。

1　鉄板の高温エリア（260℃）に油を引き、黒毛
　　和牛フィレを置く。時折、周囲の油をヘラで
　　肉の下に入れ込む【A】。

2　トータルで約5分間かけて焼く（途中、3回
　　ひっくり返す。最初に返した時に焼けた面に塩、
　　コショウをふり、2度目の返し時にもふる。適宜、
　　油を足しながら焼く）【B】。

3　2の工程中に、竹炭食パンを中温エリアに置
　　いて焼き、きれいな焼き色をつける【C】。

4　肉の焼き上がり時は、表裏をさっと鉄板に当
　　てて熱をつけ、まな板に移す。側面を薄く切
　　り落とし、切り口の赤みを見せる。

5　客前にて、食パンの焼いた面を下にして皿に
　　1枚置き、マスタードを流し、肉を置き、フ
　　ライドオニオンをのせ【D】、お好みソース、
　　野菜ソースを順にかけ、食パンの焼いた面を
　　上にして1枚のせる。

撮影：天方晴子（＋動画）　高見尊裕（p.66-79）　越田悟全（p.96-104）
アートディレクション：細山田光宣
デザイン：能城成美（細山田デザイン事務所）
DTP：横村 葵
編集：渡辺由美子　木村真季（柴田書店）

鉄板焼き
進化する技とテーマ

初版印刷　2021 年 8 月 20 日
初版発行　2021 年 9 月 5 日

編者 ⓒ：柴田書店

発行人：丸山兼一

発行所：株式会社柴田書店
　　　　〒113-8477
　　　　東京都文京区湯島 3-26-9　イヤサカビル
　　　　営業部　　03-5816-8282（注文・問合せ）
　　　　書籍編集部　03-5816-8260
　　　　URL　https://www.shibatashoten.co.jp

印刷・製本：シナノ書籍印刷株式会社

Published by Shibata Publishing Company
@Shibatashoten 2021
ISBN　978-4-388-06341-3
Printed in Japan